AF174919

LA ACTUAL SOBERANÍA
IMPOSITIVA INTERNACIONAL

Carlos María López Espadafor

LA ACTUAL SOBERANÍA IMPOSITIVA INTERNACIONAL

Granada, 2025

BIBLIOTECA COMARES DE CIENCIA JURÍDICA

Acción 1b del Plan Operativo de Apoyo a la Investigación de la Universidad de Jaén

© Editorial Comares, 2025
Polígono Juncaril
C/ Baza, parcela 208
18220 Albolote (Granada)
Tlf.: 958 465 382

www.comares.com • E-mail: libreriacomares@comares.com
facebook.com/comares • twitter.com/comareseditor • instagram.com/editorialcomares

ISBN: 978-84-1369-884-7 • Depósito legal: Gr. 4/2025

FOTOCOMPOSICIÓN, IMPRESIÓN Y ENCUADERNACIÓN: COMARES

Al Torcal de Arbuniel

«Vosotros preguntad siempre, sin que os detenga
ni siquiera el aparente absurdo de vuestras interrogaciones»

Antonio Machado[1]

---

[1] *Juan de Mairena, sentencias, donaires, apuntes y recuerdos de un profesor apócrifo (1936)*, Edición de J.M. Valverde, segunda edición, Clásicos Castalia, Madrid, 1971, p. 233.

SUMARIO

I

LA SOBERANÍA COMO OBJETO DE ESTUDIO EN LA FISCALIDAD INTERNACIONAL

Ante un contexto fiscal internacional actual, donde siguen existiendo las jurisdicciones no cooperativas, antiguamente denominadas paraísos fiscales, donde aspectos esenciales de la imposición directa no han conseguido ser objeto de armonización fiscal en la Unión Europea, con excesivas diferencias entre los distintos Estados miembros y donde los Estados en vías de desarrollo en las relaciones fiscales internacionales se ven, en la mayoría de los casos, empujados por la globalización a usar los mismos esquemas fiscales de la OCDE diseñados para Estados desarrollados, sin tener gran aceptación en la práctica los modelos previstos por otros organismos para afrontar tales disparidades entre Estados, resulta especialmente oportuno revisar el alcance, valor y funcionalidad actual de la soberanía internacional en materia de impuestos.

En este primer capítulo, a modo de indicaciones preliminares, intentaremos que quede claro el objeto de análisis del estudio recogido en esta monografía, así como los presupuestos de los que parte, si bien es cierto, como señalaba SAINZ DE BUJANDA, que «los libros de ciencia se definen por sí mismos, por su propio contenido y por las ideas que los nutren, lo que determina que sean con frecuencia superfluas las explicaciones preliminares que sobre tales extremos suelen ofrecer los autores»[1].

---

[1]   *Sistema de Derecho Financiero*, I, Introducción, Volumen primero, *Actividad financiera, Ciencia financiera y Derecho financiero*, Facultad de Derecho de la Universidad Complutense, Madrid, 1977, p. XI.

Pero este mismo autor, siguiendo con su reflexión sobre la mayor o menor oportunidad de las explicaciones preliminares, exponiendo otras razones a tomar en consideración al efecto, señala líneas más adelante que «una enunciación precisa de propósitos, un acotamiento certero de la materia investigada y, cuando ello resulte pertinente, una referencia a los materiales de que se haya dispuesto para elaborar la obra, pueden orientar mucho a quienes se dispongan a estudiarla, poniéndoles, además, a salvo de posibles desengaños»[2].

Pues bien, si buscamos los conceptos esenciales dentro de la fiscalidad internacional y, en concreto, si buscamos los conceptos sobre los que se debe construir dogmáticamente la fiscalidad internacional, uno de los principales sería el de soberanía, ya queramos llamarla soberanía tributaria internacional o soberanía fiscal internacional, como en ocasiones se hace. De todos modos, la principal problemática se da en materia de impuestos, por lo que lo más preciso y ajustado a la realidad sería denominarla soberanía impositiva internacional.

Frente a la pérdida de protagonismo del concepto de soberanía en el plano interno, conserva su importancia tal concepto en el plano internacional de esta disciplina, sin perjuicio de las limitaciones que haya podido sufrir. Por tanto, en esta obra se analiza el valor internacional actual de tal elemento dentro del Derecho Financiero y Tributario, tras una importante evolución de la fiscalidad internacional en las últimas décadas.

Pero si ya de por sí tal concepto no se mueve en la doctrina internacional dentro de unos parámetros lo suficientemente pacíficos y acotados, a ello habría que sumar ciertas carencias en las bases conceptuales sobre las que se mueve nuestra doctrina tributaria, desdibujando los límites dogmáticos al efecto, que es necesario replantear.

Probablemente en la doctrina española no haya existido, durante mucho tiempo, una forma de abordar la fiscalidad internacional o

---

[2] *Sistema de Derecho Financiero,* cit., p. XI.

comunitaria similar a la que se ha dado en otros Estados. Desde que en el año 1968 se publicase en nuestro país la traducción de los *Principios de Derecho Internacional Tributario* de BÜHLER[3] son muy pocos los trabajos de visión general y constructiva que se han publicado en materia de fiscalidad internacional y comunitaria. Podemos destacar positivamente en nuestra doctrina en tal sentido la monografía de FALCÓN Y TELLA titulada *Introducción al Derecho Financiero y Tributario de las Comunidades Europeas*[4], aunque ceñida a este ámbito. Anterior y con una visión más general podemos destacar en la Universidad española *Un esquema de Derecho Internacional Financiero*[5] de SAINZ DE BUJANDA. De todos modos, las aportaciones doctrinales sobre la fiscalidad internacional y comunitaria no se han realizado esencialmente en el sentido de la construcción de la disciplina general de ésta, sino principalmente como acumulación de capítulos de distinta orientación en obras colectivas o como mera acumulación de estudios aislados, publicados como monografías o como artículos en revistas de Derecho Financiero y Tributario, sobre temas particulares de la dimensión internacional del tributo.

Pues bien, la construcción de la disciplina normativa de la perspectiva internacional del tributo debe tener unos parámetros normativos claros y generales que le sirvan de base, dada la dimensión que exige la importancia creciente del fenómeno tributario internacional. Además, en los planes de estudio del Grado en Derecho de muchas Universidades, la perspectiva internacional del tributo vino dando origen a asignaturas optativas específicas centradas sobre dicho fenómeno, bajo posibles diferentes denominaciones que pueden ir desde la de «Fiscalidad internacional y comunitaria» a la de «Derecho Financiero y Tributario Internacional y Comunitario». De ahí una exigencia adicional de rigor y contemplación general de la referida disciplina.

---

[3]   Traducción de CERVERA TORREJÓN, Editorial de Derecho Financiero, Madrid, 1968.
[4]   Servicio de Publicaciones de la Facultad de Derecho de la Universidad Complutense – Editorial Civitas, Madrid, 1988.
[5]   Servicio de Publicaciones de la Universidad de Granada, 1983.

Sólo unos parámetros claros, completos y exhaustivos desde una visión general del fenómeno financiero y tributario internacional pueden permitir un crecimiento ordenado de la disciplina internacional del Derecho Financiero, de forma que se abarquen todos los posibles extremos de referencia, que agoten las posibles lagunas de desatención olvidadas muchas veces por la doctrina, simplemente porque no se tratase de las cuestiones más prácticas y habituales.

En la contemplación internacional del Derecho Financiero podemos también distinguir una perspectiva tributaria y otra no tributaria. Pensemos, por ejemplo, en la disciplina presupuestaria de las organizaciones internacionales, especialmente de la Unión Europea. Obviamente, al igual que sucede en el plano interno, también en el plano internacional la demanda de estudios tributarios es mucho mayor que la de estudios de Derecho Financiero no tributarios. Esto no quita que también deba ser tomada en consideración esa perspectiva no tributaria. Piénsese, por ejemplo, más allá del presupuesto en sí de la Unión Europea, en cuestiones como los recursos propios comunitarios que no tengan naturaleza tributaria o en el control que desarrolla el Tribunal de Cuentas de la Unión Europea. De ahí que no sólo sea necesaria una construcción dogmática general de la perspectiva internacional del Derecho Tributario, sino del Derecho Financiero, incluyendo las ramas no tributarias de éste. Pero en esa ambiciosa meta, un primer paso es la construcción dogmática general del Derecho Internacional Tributario.

II

VISIÓN ACTUAL DE LAS RAMAS
DE LA FISCALIDAD INTERNACIONAL

La contemplación de la incidencia del Derecho de origen internacional en materia tributaria normalmente se realiza desde dos perspectivas distintas. De un lado, se encuentra la perspectiva del Derecho Internacional Convencional, es decir, la relativa a los convenios internacionales que afectan a esta materia. De otro, nos encontramos con la del Derecho Comunitario Europeo o de la Unión Europea, donde, junto al Derecho Comunitario originario, nos encontramos con el Derecho Comunitario derivado. El primero de estos dos, el Derecho Comunitario originario, está compuesto por Tratados, por lo que en su esencia podría encuadrarse dentro del Derecho Internacional Convencional; lo que sucede es que estos acuerdos entre los Estados miembros de la Unión Europea tienen un contenido de atribución competencial a ésta, que sitúa a tales Tratados a un nivel que está muy por encima de los tradicionales convenios en materia tributaria. Por otra parte, el Derecho Comunitario derivado está compuesto por los actos normativos de las instituciones comunitarias.

El Derecho Internacional Convencional en materia tributaria se compone esencialmente de convenios para evitar la doble imposición internacional, en casi su inmensa totalidad bilaterales. De todos modos, disposiciones de naturaleza tributaria las podemos encontrar en otros tipos de convenios internacionales, aun no estando dedicados esencialmente a la disciplina tributaria.

En el ámbito del, tradicionalmente llamado, Derecho Comunitario o Derecho de la Unión Europea, en su realidad más actual, nos encontramos con distintos campos de incidencia en materia tributaria: de un lado, nos encontramos con el campo de la armonización fiscal comunitaria, que intenta aproximar las legislaciones tributarias de los distintos Estados comunitarios en determinadas materias; de otro, nos encontramos con los recursos comunitarios de naturaleza tributaria, como fuente de financiación comunitaria; por último, nos encontramos con la cooperación en la aplicación de los tributos impuesta a los Estados miembros por las instituciones comunitarias. Este tercer campo de incidencia del Derecho Comunitario, es decir, estos deberes de colaboración entre Administraciones tributarias a veces afectan a tributos propios comunitarios y en ocasiones a impuestos estatales armonizados, con lo cual en muchos casos esta labor de cooperación administrativa podría quedar incluida en alguno de los dos ámbitos señalados anteriormente, o sea, en el de los recursos propios de naturaleza tributaria o en el de la armonización fiscal. Pero esta actuación normativa de la Unión Europea consistente en imponer a los Estados miembros un deber de colaborar entre ellos para la aplicación de los tributos, a veces afecta también a impuestos que ni son recursos propios de aquélla, ni son impuestos armonizados conforme a directivas comunitarias. En función de ello, en este caso ya estaríamos ante un tercer campo distinto de los anteriores, salvo que con ello entendamos que lo que se está realizando es una labor de armonización fiscal en el plano formal, es decir, no en el plano de los elementos materiales o sustantivos de los impuestos, sino en el de su aplicación efectiva o formal.

Resulta lógico, por su importancia práctica, que la atención de la doctrina tributaria en relación al Derecho Internacional se haya centrado en los dos ámbitos apuntados; de un lado, en los convenios internacionales para evitar la doble imposición y, de otro, en la incidencia del Derecho de la Unión Europea en materia tributaria. Pero en el esquema de fuentes del Derecho Internacional no debemos perder de vista la costumbre internacional y los Principios Generales del Derecho, que conforman lo que se podría denominar el Derecho Internacional General, en cuanto normas aplicables a cualquier Estado con independencia de la prestación o no de su consentimiento directo a las mismas, como normas consolidadas en el devenir y formación de la Comunidad Internacional.

Obviamente, en una materia como la tributaria, tan vinculada a la política económica de cada Estado, la incidencia del Derecho Internacional General es mucho menor que la del Derecho Internacional Convencional y que la del Derecho Comunitario Europeo o de la Unión Europea. Esto no quita que se le deba prestar cierta atención a la incidencia, aunque escasa en su extensión, pero no en su importancia, que el Derecho Internacional General pueda tener en materia tributaria.

Ello se debe hacer desde dos perspectivas distintas. De un lado, intentando localizar si existe, aunque sea difícil de concretar, alguna norma de Derecho Internacional General que afecte específicamente al ámbito tributario. De otro, analizando la forma en que algunas ideas y principios de Derecho Internacional General, aunque no específicamente tributarios, pueden afectar a la mecánica de aplicación impositiva, desde la contemplación de los intereses de distintos Estados.

De todas maneras, todo lo expuesto no responde a compartimentos estancos o incomunicados, sino que la interrelación entre los distintos grupos o tipos de normas es tan permeable e interdependiente como en el resto de ramas del Ordenamiento jurídico. Fijémonos, por ejemplo, en los distintos tipos de normas que se pueden distinguir dentro del Derecho de la Unión Europea en materia tributaria e intentemos aplicarlos al régimen fiscal de los funcionarios y otros agentes de la Unión Europea. En el Protocolo sobre los privilegios e inmunidades de la Unión Europea, se establece al mismo tiempo la exención de los rendimientos obtenidos por aquéllos como consecuencia de su trabajo para las instituciones comunitarias y la sujeción de tales rendimientos a un impuesto sobre los sueldos, salarios y emolumentos de los funcionarios y otros agentes de la Unión Europea, de los que es beneficiaria ésta y que se recauda simplemente a través de retenciones sobre dichos rendimientos del trabajo, en función del montante anual que recibe el funcionario y del número de hijos bajo su dependencia. De un lado, la exención referida evita la doble imposición que, de no existir este beneficio fiscal, se daría entre los impuestos estatales sobre la renta y el citado impuesto comunitario; la norma que establece esta exención en los impuestos estatales, aunque forma parte del Derecho Comunitario originario se parecería más bien a las normas de armonización fiscal comunitaria, si bien estas últimas suelen ser de Derecho Comunitario derivado, es decir suelen derivar de las instituciones comunitarias. De otro lado, la norma que establece el citado impuesto comunitario se podría entender más bien comprendida en el bloque normativo de los recursos propios comunitarios, si bien no representa un elemento esencial en la financiación comunitaria —su existencia se fundamenta en otras razones— y no aparece contemplado en las Decisiones sobre el sistema de recursos propios comunitarios. De esta forma, se trataría de un ejemplo de tema donde se interrelacionan los bloques normativos individualizados anteriormente.

III

NORMATIVAS DE DISTINTO ORIGEN DENTRO DE LA FISCALIDAD INTERNACIONAL

Señalaba FEDOZZI que la experiencia demuestra que la partición del Derecho Internacional en base a las mismas categorías del Derecho interno ha sido muy útil desde el punto de vista sistemático y sustancialmente fecunda de incremento científico, lo que era presentado por este autor como legitimación de la división que hace dentro del Derecho Internacional, incluyendo el «Derecho internacional tributario» entre sus ramas[1].

Partiendo de la inexistencia de verdaderas relaciones tributarias entre Estados en cuanto tales -o sea, en cuanto sujetos de Derecho Internacional en el ejercicio de su personalidad internacional- y de la falta de carácter tributario en las contribuciones financieras de los Estados a las organizaciones internacionales, llegaba UDINA a la conclusión de que no se podía hablar de la existencia de un verdadero y propio «derecho internacional tributario». No obstante, para este autor no se podía prescindir de tal denominación y así, según él, el concepto de Derecho Internacional Tributario podía ser entendido en sentido más amplio como comprensivo de las normas del Ordenamiento internacional que conciernen de un modo u otro al ejercicio del Poder Tributario de los Estados, considerando las relaciones tributarias en cuanto desarrolladas no entre los mismos Estados, sino entre cada Estado y las personas físicas o jurídicas dependientes de

---

[1] *Corso di Diritto Internazionale*, Volume Primo, I, CEDAM, Padova, 1931, pp. 37 y 38.

éste y, así pues, solamente como objeto indirecto y mediato de las normas internacionales. Destacaba este autor que como distinto de éste se presenta el «derecho tributario internacional», constituido por las «normas tributarias internas relativas a las relaciones con el extranjero»[2].

Pero UDINA, en relación a la problemática de las normas internacionales en materia tributaria, no se limitó a individualizar una rama del Derecho Internacional llamada Derecho Internacional Tributario. Este autor también propuso la creación de un «Tribunal fiscal internacional», que tendría por competencia conocer de las controversias entre Estados relativas a las normas internacionales en materia tributaria -y de las cuales puede conocer el Tribunal Internacional de Justicia-, proponiendo, además, en la delimitación ideal de tal Tribunal fiscal internacional, la posibilidad de plantear recurso ante el mismo también por parte de los particulares[3].

Posteriormente, el mismo UDINA, en relación a los tributos que las organizaciones internacionales exigen a sus funcionarios, afirmaba que en estos casos «se puede ya hablar de un verdadero y propio derecho internacional tributario, que implica una manifestación de potestad de imperio de carácter tributario, fundada sobre el derecho internacional, entre sujetos internacionales que se encuentran respectivamente en posición de superioridad y de dependencia»[4]. En esta sede, este autor hablaba de una relación entre «sujetos internacionales», pero debemos tener en cuenta que un funcionario de una organización internacional no tiene personalidad jurídica internacional.

Más estricto se muestra en su planteamiento G. TESAURO, quien señala que sólo si se pudiese reconocer la naturaleza tributaria de las

    [2]   *Il diritto internazionale tributario*, CEDAM, Padova, 1949, pp. 16-31.
    [3]   «Sulla creazione d'una Corte internazionale per le controversie in materia tributaria», en la *Rivista di Diritto Finanziario e Scienza delle Finanze*, Parte I, 1949, pp. 54 y ss.
    [4]   «Il Trattamento Tributario dei Funzionari Internazionali», en *Gegenwartsprobleme des internationalen Rechtes und der Rechtsphilosophie (Festschrift für Rudolf Laun zu seinem siebzigsten Geburtstag)*, Girardet & Co., Hamburg, 1953, p. 284.

contribuciones de los Estados a las organizaciones internacionales se podría correctamente hablar de Derecho Internacional Tributario y no en ningún otro caso. Tampoco para este autor el fenómeno de las contribuciones financieras de los Estados miembros a las organizaciones internacionales presenta naturaleza tributaria[5].

Por otra parte, basándose en el dato de que las normas internacionales influyen y condicionan el Derecho interno en materia tributaria y dado que dentro del Derecho Internacional se forman particulares grupos de normas convencionales, distinguiéndose propiamente cada uno de los cuales en base a los caracteres de la materia objeto de las normas del correspondiente sector disciplinar de Derecho interno, sector en el que se integran las normas internas que derivan de las internacionales que pertenecen al grupo en cuestión, señala CROXATTO que se puede sostener la existencia de un sector del Ordenamiento jurídico internacional al que referir la tradicional denominación de Derecho Internacional Tributario y que se caracteriza por los aspectos peculiares de la actividad del Estado en esta materia, que es objeto de las normas en él comprendidas[6].

De otro lado, SAMPAY hablaba de «Derecho Fiscal Internacional», incluyendo en el mismo tanto las normas internas como las normas internacionales en materia tributaria[7]. Es también de destacar el planteamiento de Bühler, quien hablaba de un Derecho Internacional Tributario en sentido estricto, en el cual incluía normas de origen internacional, y de un Derecho Internacional Tributario en sentido amplio, en el cual incluía tanto normas de origen internacional como normas nacionales[8].

---

[5] *Il finanziamento delle organizzazioni internazionali*, Jovene, Napoli, 1969, p. 8, nota 6.

[6] «Le norme di Diritto internazionale tributario», en *Studi in onore di Enrico Allorio*, II, Giuffrè, Milano, 1989, pp. 2223 y 2224; y, del mismo autor, «Diritto internazionale tributario», en *Digesto delle Discipline Privatistiche*, IV, UTET, Torino, 1989, p. 642.

[7] *El Derecho Fiscal Internacional*, Ediciones Biblioteca Laboremus, La Plata-Buenos Aires, 1951, p. 91.

[8] *Ob. cit.*, p. 5.

La distinción entre Derecho Internacional Tributario -normas internacionales- y Derecho Tributario Internacional -normas nacionales- ha sido utilizada por la doctrina tributaria[9]. El Derecho Internacional Tributario condiciona al Derecho Tributario Internacional. En el Ordenamiento jurídico español, para que las normas de un tratado internacional se conviertan en Derecho interno basta solamente una actividad administrativa de publicación en el Boletín Oficial del Estado del tratado ya ratificado. Así, el artículo 96.1 de la Constitución dispone que «los tratados internacionales válidamente celebrados, una vez publicados oficialmente en España, formarán parte del ordenamiento interno». Una vez que el tratado internacional ha pasado a formar parte del Ordenamiento español, adquiere en éste una posición de jerarquía normativa por encima de la ley, como se desprende de la referencia que se hace en el mismo artículo 96.1 *in fine* a que las disposiciones de los tratados internacionales «sólo podrán ser derogadas, modificadas o suspendidas en la forma prevista en los propios tratados o de acuerdo con las normas generales del Derecho internacional».

Entonces, si las normas de los tratados internacionales en materia tributaria se convierten en Derecho interno, debemos preguntarnos qué sentido tiene mantener la distinción entre Derecho Internacional Tributario y Derecho Tributario Internacional. El calificativo de internacional del primero encuentra su legitimación en el origen de la norma; aunque las normas de los tratados internacionales se convierten en Derecho interno, su origen es internacional, mientras que las normas

---

[9]   Véanse CARLI, C.C., «Cooperazione internazionale tributaria», en la *Enciclopedia Giuridica Treccani*, pp. 1 y 4-5; FERREIRO LAPATZA, J.J., *Curso de Derecho Financiero Español*, 10ª edición, Marcial Pons, Madrid, 1988, pp. 112 y 113; y SAINZ DE BUJANDA, F., «La interpretación de los Tratados internacionales para evitar la doble imposición», en *Memoria de la Asociación Española de Derecho Financiero*, 1960, pp. 92 y 93. Este último autor citado, en otra de sus obras, hablaba del «Derecho fiscal internacional», incluyendo bajo esta denominación referencias a las normas nacionales y a las normas internacionales en materia tributaria (*Hacienda y Derecho*, I, Instituto de Estudios Políticos, Madrid, 1975, pp. 465 y ss.).

de Derecho Tributario Internacional tienen un origen interno. Y estas últimas encuentran la legitimación del calificativo de internacional en la naturaleza del ámbito sobre el que inciden. Tal ámbito está constituido por la fiscalidad de las manifestaciones de riqueza transnacionales, que surgen con el tráfico internacional de mercancías, servicios y capitales.

Pero no son las normas de los tratados internacionales y las normas de Derecho Comunitario Europeo las únicas normas que integran el Derecho Internacional. No debemos olvidar el Derecho Internacional General, compuesto, como hemos apuntado, por costumbres y Principios Generales. Las normas del Derecho Internacional General no se integran en el Derecho interno en el modo en que lo hacen las normas de los tratados internacionales, presentándose aquéllas solamente como un condicionante del Derecho nacional. Y aunque el Derecho Internacional General no tiene tanta importancia en la práctica en materia tributaria en comparación con la de los tratados internacionales, no se puede negar cierta influencia del mismo en esta materia, presentándose, además, sus principios como la base esencial de la territorialidad en sentido formal o eficacia espacial del tributo.

Por otra parte, reviste una extraordinaria importancia en materia tributaria el Derecho Comunitario Europeo o Derecho de la Unión Europea. Éste tiene un claro origen internacional. El Derecho Comunitario originario nace del acuerdo o del tratado internacional, mientras el Derecho Comunitario derivado nace de los actos de las instituciones comunitarias, que son órganos internacionales, órganos de organizaciones internacionales. Pero también el Derecho Comunitario se convierte en Derecho interno. Basta la publicación de los actos normativos de las instituciones comunitarias en el Diario Oficial de la Unión Europea para que se conviertan en Derecho interno, operando también en éste, debiendo ser aplicados directamente por los órganos estatales. Dada la primacía del Derecho Comunitario sobre el Derecho nacional, aquél constituye también un límite al legislador tributario.

El Derecho Comunitario Europeo no es como el Derecho Internacional tradicional. De este último son solamente sujetos los Estados y las organizaciones internacionales, presentándose como los únicos verdaderos titulares de los derechos y obligaciones del Ordenamiento internacional tradicional. El Derecho Comunitario nace de instrumentos internacionales, pero luego afecta directamente a los ciudadanos comunitarios, creando derechos directamente en relación a éstos, sin necesidad, en principio[10], de una intervención normativa estatal. Son derechos del ciudadano comunitario frente a su Estado, frente a los otros Estados comunitarios y frente a la propia Unión Europea[11].

Entonces, el Derecho Comunitario Tributario ¿es Derecho Internacional Tributario o Derecho Tributario Internacional? Su mencionado origen internacional nos lleva a incluirlo en el Derecho Internacional Tributario.

[10]   Las directivas son el instrumento normativo fundamental para armonizar las legislaciones nacionales y, claro está, los Ordenamientos tributarios internos de los Estados miembros. Aunque las directivas normalmente necesitan de normas de adaptación del Derecho interno para desplegar su plena eficacia en el mismo, no siempre debe ser así. Puede suceder que, ante una directiva de armonización de los tributos nacionales, un Estado miembro no haya creado una norma de adaptación de su Ordenamiento tributario a la directiva y que, sin embargo, ésta vea aplicado su contenido en el mismo, porque contenga una norma paralela a otra contenida en un Tratado de Derecho Comunitario originario, consiguiéndose el objetivo perseguido por la directiva aplicando el contenido que se corresponde con el Tratado. Puede suceder también, ante la falta de tal norma interna y sin que se dé la circunstancia anterior, que la directiva pueda tener eficacia directa porque exista una disposición interna que entre en contradicción con la misma, consiguiéndose así dejar sin efecto esa norma interna, en colisión con la norma comunitaria, y en la medida en que la directiva sea idónea para definir derechos que los contribuyentes pueden alegar frente al Estado. De esta forma lo ha reconocido el Tribunal de Justicia de las Comunidades Europeas (hoy de la Unión Europea), por ejemplo en su Sentencia de 19 de enero de 1982, Asunto 8/81, Sentencia que ha tenido un gran predicamento en materia tributaria. Sobre la posible eficacia directa de las directivas de armonización fiscal, véase CAYÓN GALIARDO, A., FALCÓN Y TELLA, R. Y HUCHA CELADOR, F. DE LA, *La armonización fiscal en la Comunidad Económica Europea y el Sistema tributario español: Incidencia y convergencia*, Instituto de Estudios Fiscales, Madrid, 1990, pp. 668 a 672.

[11]   Cfr. GARCÍA DE ENTERRÍA, E., «Las competencias y el funcionamiento del Tribunal de Justicia de las Comunidades Europeas. Estudio analítico de los recursos», en *Tratado de Derecho Comunitario Europeo*, Tomo I, Civitas, Madrid, 1986, p. 700.

Muchísimas veces se habla de Derecho interno para hacer referencia al Derecho de origen nacional en comparación u oposición con el Derecho Comunitario. A nuestro entender, sería más correcto, en base a las observaciones realizadas *supra*, hablar de Derecho de origen interno para hacer referencia a aquél. Pero, de todos modos, en la práctica habitual, como decimos, los términos «Derecho interno» son utilizados muchas veces para hacer referencia de manera ágil al origen interno de las normas a las que se alude.

De otro lado, podemos fijarnos en que los límites internacionales al Poder del Estado sobre su territorio en algunos casos son en el fondo supuestos de autolimitación del Poder del mismo Estado. Piénsese en los tratados internacionales, que parten del consentimiento de los Estados. El Derecho Comunitario derivado encuentra su fundamento en el Derecho Comunitario originario, compuesto, este último, por tratados y acuerdos internacionales. A ello hay que unir el dato de los actos normativos de Derecho Comunitario derivado que estén sometidos a su aprobación por unanimidad en el Consejo, entre los que hay que destacar el núcleo esencial de la armonización fiscal comunitaria. Así, el Derecho Internacional Tributario en su mayor parte representa en sustancia una autolimitación del Poder del Estado, dejando a salvo ciertos supuestos, como son los relativos a los límites que proceden del Derecho Internacional General.

El Derecho Internacional Tributario podría ser considerado una rama del Derecho Internacional Financiero[12], del mismo modo en que en el ámbito estatal el Derecho Tributario representa una rama del Derecho Financiero. En el Derecho Internacional Financiero sí se podría incluir la problemática jurídica de las contribuciones financieras de los Estados a las organizaciones internacionales. Éstas no se pueden incluir en el Derecho Internacional Tributario, dado que no tienen naturaleza tributaria, pero, en cuanto elementos de la financiación de

---

[12]   Este concepto lo podemos encontrar en Sainz de Bujanda, F., *Un esquema de Derecho Internacional Financiero*, cit.

las organizaciones internacionales, su regulación formaría parte del Derecho Internacional Financiero.

De otro lado, en función de la vigencia del principio de legalidad en materia tributaria y la reserva de ley en esta materia, como plasmación de aquel principio, el Derecho Tributario está contenido principalmente en leyes. A la luz de ello, tradicionalmente se ha apuntado la escasa eficacia práctica de los Principios Generales del Derecho por sí mismos como fuente del Derecho Tributario, es decir, como principios que se puedan deducir de las distintas regulaciones, sin estar expresamente recogidos en la ley o consagrados en la Constitución, pues, en estos casos, se convierten en norma expresa escrita y su valor no se da ya en cuanto tales principios, sino en función del rango del texto normativo en que se recogen expresamente. También en función de lo apuntado, se suele negar virtualidad a la costumbre dentro de las fuentes del Derecho Tributario. Pues bien, en el ámbito del Derecho Internacional Tributario sí se puede encontrar cierta incidencia de la costumbre y de los Principios Generales del Derecho como fuentes del mismo[13], si bien se trata de una incidencia bastante reducida, si la comparamos con la amplitud, proliferación y desarrollo de otros tipos de fuentes del Derecho Internacional. Obviamente, esto no justifica el olvido de tales costumbres y Principios Generales del Derecho.

Con respecto al Derecho Internacional Tributario, las ramas que han sido más estudiadas son el Derecho Internacional Convencional, es decir, aquella rama compuesta por convenios internacionales, y el Derecho Comunitario Europeo. Esto resulta lógico, si se tiene en cuenta que se trata de los dos ámbitos normativos internacionales que mayor incidencia tienen en la práctica limitando o condicionando el Poder Tributario de los Estados. Pero junto a esas dos ramas del Derecho Internacional, también incide en materia tributaria el Derecho Internacional General, si bien de una forma mucho más reducida en la práctica que

---

[13] Pensemos, por ejemplo, en el régimen fiscal de las misiones diplomáticas extranjeras y del personal adscrito a las mismas.

el Derecho Internacional Convencional y que el Derecho Comunitario Europeo. Quizás por ello el estudio de aquella rama por la doctrina ha sido mucho menor que el de estas otras dos. Pero la incidencia del Derecho Internacional General en materia tributaria es la más obvia y esencial, encontrándose en la base de la construcción de la fiscalidad internacional. Esta incidencia se da sobre todo en relación a la eficacia de la ley tributaria en el espacio, si bien también puede tener algún alcance con respecto a la extensión de la ley. Por ello, creemos que no se debe descuidar tanto, al contrario de lo que se ha venido haciendo por la doctrina, el estudio de la incidencia del Derecho Internacional General en materia tributaria, debiendo fomentarse el desarrollo de los análisis relativos a éste dentro del Derecho Internacional Tributario.

IV
CONCRECIÓN DE LA SOBERANÍA
IMPOSITIVA INTERNACIONAL

Ha habido autores que han definido y analizado la «soberanía fiscal» desde la perspectiva del fenómeno tributario internacional. Es decir, han estudiado ese concepto a la vista de la confluencia de los Poderes Tributarios de diversos Estados sobre manifestaciones de riqueza que sobrepasan los límites territoriales de éstos, entrando así en relación estas manifestaciones con los Poderes Tributarios de diversos Estados, y, de otro lado, tomando en consideración que los Estados buscan la cooperación de otros Estados para hacer efectivas sus pretensiones tributarias, dada la movilidad de sus contribuyentes y de los patrimonios de éstos.

Destaca BÜHLER que, en principio, la soberanía no tiene en el Derecho Tributario un significado distinto del que tiene en otras ramas del Ordenamiento jurídico, significado que consistiría en la facultad total y exclusiva de un Estado para desarrollar, a través de la propia voluntad manifestada frente al resto de los Estados, la competencia única que le asiste para realizar actos legislativos, ejecutivos y judiciales dentro de su ámbito de poder territorial[1]. Señala BORRÁS RODRÍGUEZ que la manifestación de la soberanía que denomina «soberanía fiscal» constituye «el poder de dictar un sistema de impuestos, sea por vía legislativa o reglamentaria, que posea una autonomía técnica en relación con los sistemas susceptibles

---

[1] *Ob. cit.,* p. 173.

de entrar en concurrencia con él, ejerciendo tal soberanía dentro de su ámbito de competencia territorial»[2].

Dentro de este ámbito, GARBARINO[3] hace una detallada delimitación sistemática del problema de la soberanía. Su posición la expresa señalando que allí donde se proceda a considerar la soberanía del Estado en materia tributaria en un contexto internacional, es decir, en una situación de coexistencia de más Estados titulares de una soberanía originaria y, así pues, poseedores de un ilimitado Poder impositivo, es oportuno distinguir dos conceptos generales de los que se puedan desprender consideraciones de naturaleza más estrictamente tributaria: serían, de un lado, la soberanía entendida como Poder impositivo preeminente sobre cualquier otro Poder y que se desenvuelve dentro del ámbito territorial del Ordenamiento estatal; y, de otro, la soberanía entendida como independencia del Estado, destinada a desenvolverse dentro del ámbito de la Comunidad internacional, compuesta de más Estados soberanos, dotados de Poder impositivo originario. Señala este autor que, mientras desde una perspectiva interna el Poder soberano de imposición implica una supremacía del sujeto activo titular de tal Poder (el Estado) con respecto a los sujetos pasivos, desde una perspectiva externa e internacional, por el contrario, no se puede dejar de destacar que los Poderes impositivos soberanos estatales conviven en un Ordenamiento de tipo paritario, cual es el Ordenamiento internacional. Destaca que en el contexto exclusivamente interno y estatal las normas impositivas, a través de las cuales de despliega el Poder Tributario, traen su validez directamente del Ordenamiento jurídico estatal, que se configura como soberano, y que en el ámbito del Ordenamiento internacional, por el contrario, no se reconoce ningún Poder impositivo que se despliegue directamente sobre los Estados o sobre los ciudadanos de éstos.

---

[2] *La doble imposición: Problemas jurídico-internacionales*, Universidad de Barcelona, Secretariado de publicaciones, intercambio científico y extensión universitaria, Barcelona, 1971, p. 3. En la misma línea, véase GONZÁLEZ POVEDA, V., *Tributación de no residentes*, La Ley, Madrid, 1989, pp. 3-6.

[3] Cfr. GARBARINO, C., *La tassazione del reddito transnazionale*, CEDAM, Padova, 1990, pp. 96-99.

Continúa GARBARINO su exposición señalando que mediante la adopción de esta doble perspectiva de investigación, que procede de los fundamentos de la soberanía de un Estado para llegar a las modalidades con que interaccionan las expresiones de la soberanía de más Estados, se retoman dos aspectos interconexos del problema que aquí se debate: la dimensión exclusivamente interna y la dimensión externa de la soberanía. Así, destaca este autor que la soberanía del Estado -entendida en su aspecto de Poder Tributario soberano- bajo el perfil interno es el modo en el que se manifiesta el carácter autoritario del Ordenamiento interno del Estado en relación a los sujetos a él sometidos, mientras, bajo el perfil externo la soberanía se inserta en el ejercicio de una plena capacidad de Derecho Internacional del Estado en materia impositiva en relación con los otros Estados.

En la base de la construcción de GARBARINO se encuentra la consideración de que la soberanía tributaria es una *species* del amplio *genus* constituido por los poderes que son los atributos de la soberanía del Estado. En particular, señala este autor que la soberanía se manifiesta en el poder del Estado para perseguir una política fiscal nacional que se expresa mediante normas que tienen por objeto presupuestos de hecho con elementos de extranjería. Añade que la soberanía es el fundamento sobre el que el Estado procede a desarrollar las relaciones fiscales con los otros Estados.

Destacaba SAINZ DE BUJANDA que un Estado en Europa no puede jugar un papel de protagonista en la Historia porque le falta el poder para hacerlo, y le falta poder político, poder económico y poder militar; así, «ni sus fines ni sus propios medios le permiten vivir con mínima autonomía»[4].

Los Estados europeos han sentido la necesidad de proceder a una integración económica que camine hacia una más profunda integración

---

[4]   De esta forma se manifestaba SAINZ DE BUJANDA en el Prólogo a la obra de D. MARTÍNEZ MARTÍNEZ *El Sistema financiero de las Comunidades Europeas*, Instituto de Estudios Fiscales, Madrid, 1974, p. XII.

política. El proceso de integración europea recibió un gran impulso con el Tratado de la Unión Europea, integración que se intentó reforzar con el fracasado Proyecto de Tratado por el que se establece una Constitución para Europa y posteriormente, como más esperanzador, con el Tratado de Lisboa. La creación de las Comunidades Europeas supuso el nacimiento de un sistema de poderes cuyas relaciones con los Estados son diferentes de las que se dan con las organizaciones internacionales de simple cooperación. La Unión Europea se presenta como organización de integración, y la presencia de este tipo de organización altera de manera tal el poder que las organizaciones internacionales venían ejerciendo sobre los Estados, que también la doctrina ha reconocido una influencia de este fenómeno en el concepto y concepción tradicionales de la soberanía[5].

Por lo que respecta a la fiscalidad comunitaria, CONSTANTINESCO ha señalado que toda armonización tributaria en las —entonces denominadas— Comunidades Europeas lleva necesariamente a una limitación, por reducida que ésta sea, de la «soberanía impositiva» de los Estados miembros, produciéndose así una intervención en la libertad política de éstos[6]. Pero aquí no debemos olvidar la perspectiva general del fenómeno comunitario, y desde este punto de vista ADONNINO ha destacado cómo con la adhesión a las Comunidades (hoy es más correcto hablar de Unión Europea) la soberanía de los Estados resulta limitada en algunos sectores, pero lo es en virtud de un proceso de autolimitación, constitucionalmente legítimo[7].

---

[5]   Véase GIULIANI FONROUGE, C.M., *Derecho Financiero*, Volumen I, 2ª edición, Ediciones Depalma, Buenos Aires, 1970, p. 282.

[6]   «La problemática tributaria de la Comunidad Económica Europea», en *Hacienda Pública Española*, núm. 57, 1979, p. 164. Referencia a que la soberanía de los Estados se ve afectada por la armonización fiscal, se podía encontrar también en ALBIÑANA GARCÍA-QUINTANA, C., *Sistema tributario español y comparado*, segunda edición, Tecnos, Madrid, 1992, p. 927.

[7]   «Il principio di non discriminazione nei rapporti tributari fra Paesi membri secondo le norme della CEE e la giurisprudenza della Corte di Giustizia delle Comunità», en la *Rivista di Diritto Finanziario e Scienza delle Finanze*, núm. 1, 1993, p. 65.

De otro lado, MARTÍN QUERALT Y MARTÍNEZ LAFUENTE señalan que la limitación que sufren los Estados en su Poder Financiero por estar integrados en las —entonces denominadas— Comunidades Europeas debe ser comprendida teniendo en cuenta la autolimitación que implica la transferencia a éstas de «competencias o si se prefiere de soberanía»[8].

Para TRUYOL Y SERRA la soberanía no es algo constituido por un elemento unitario que abarca e incluye todo; en concreto señala este autor la necesidad de superar la concepción que presenta la soberanía como monolítica, destacando que ésta no es un poder omnímodo de decisión; la existencia de un Derecho Internacional supone un concepto limitado de la soberanía, y el aumento de la dependencia entre los pueblos hace que de hecho se vea reducido su alcance efectivo. Señala también la conveniencia de abandonar los temores y mitos que se dan con respecto a la relación entre la soberanía y la supranacionalidad; y así con las Comunidades Europeas los Estados, más que ver limitadas sus soberanías, las ponen en común, delegando en el poder de las Comunidades (hoy Unión) solamente las facultades necesarias para la eficaz gestión de los asuntos comunes[9].

Fijándose en el paso de las concepciones tradicionales de la soberanía como idea unitaria, no susceptible de limitaciones y tampoco de ser descompuesta, a una concepción que la ve como una suma de facultades susceptible de ser dividida en sus diversos componentes, ABAD FERNÁNDEZ destaca cómo ello hace que se acepte la posibilidad de que el Estado pueda transferir alguna de sus facultades a una entidad supranacional; y señala este autor que una de las parcelas de la soberanía es la del Poder Financiero[10].

---

[8] «La política fiscal europea», en *Tratado de Derecho Comunitario Europeo*, Tomo III, Civitas, Madrid, 1986, p. 272.

[9] *La Integración Europea. Idea y realidad*, Tecnos, Madrid, 1972, p. 66.

[10] «El Poder Financiero de las Comunidades Europeas», en *Estudios de Derecho internacional público y privado en homenaje al Profesor Luis Sela Sampil*, Tomo I, Universidad de Oviedo, 1970, pp. 452 y 453.

Frente a lo discutida que es la validez del concepto de soberanía en relación al Poder Tributario en el plano interno, dicho concepto conserva una determinada virtualidad en relación al fenómeno tributario internacional. Está claro que la soberanía no se puede presentar hoy como el fundamento directo del Poder Tributario. El pueblo, titular de la soberanía popular, aprueba la Constitución y en ésta establece cuáles son las condiciones y límites en que los poderes del Estado pueden actuar en materia tributaria. Así pues, el fundamento jurídico directo del Poder Tributario reside en la Constitución.

V

PRESUPUESTO DE LA SOBERANÍA COMO ELEMENTO ESENCIAL DEL ESTADO: DE SUS ORÍGENES A SU PROYECCIÓN ACTUAL

En la delimitación del Estado como sujeto de Derecho Internacional, la soberanía se presenta como uno de sus elementos esenciales; esto sirve para definir los poderes del Estado sobre el territorio, excluyendo las intervenciones exteriores que podrían afectar a la vida independiente del Estado, y, así, también los actos que puedan tener carácter tributario. Pero también la soberanía, como elemento del Estado en cuanto sujeto de Derecho Internacional, ha cambiado, no concibiéndose hoy como algo ilimitable e indivisible, sino pudiéndose distinguir dentro de ella una diversidad de competencias. Individualizadas éstas, el propio Estado puede decidir la atribución del ejercicio de algunas de ellas a una entidad supranacional. Esto explica que los Estados hayan podido atribuir a la Unión Europea el ejercicio de competencias derivadas de sus Constituciones y, de entre éstas, el ejercicio de competencias en materia tributaria. Esto rompe con las concepciones de la soberanía del Estado como algo indivisible.

Un elemento esencial del Estado es su soberanía, elemento también llamado hoy independencia. La soberanía supone que el Estado ejercita su actividad en las relaciones internacionales por su propio poder y no por el de otro sujeto de Derecho Internacional, y por esto puede actuar directa e inmediatamente sobre todos los elementos que forman el Estado[1].

---

[1]   Cfr. DÍEZ DE VELASCO VALLEJO, M., *Instituciones de Derecho Internacional Público*, Tomo I, octava edición, Tecnos, Madrid, 1988, p. 196.

Señala MONACO que «la soberanía de los Estados no es otro que un concepto que corresponde a una situación de superioridad de los Estados mismos en relación a las sociedades humanas por ellos respectivamente controladas y dirigidas, y no a una posición de superioridad de los Estados respecto a otros Estados de la comunidad internacional»[2]. De otro lado, destaca GARELLI que «el ejercicio de la soberanía incluye la exclusividad del territorio sobre el cual ella se despliega»; para este autor «la territorialidad de la soberanía» se presenta como «canon inconcuso de derecho, para asegurar la eficacia de las actuaciones de los particulares Estados»[3].

Ha puesto de manifiesto DÍEZ DE VELASCO que la soberanía no se concibe hoy como un todo indivisible; la soberanía se ve hoy día como un conjunto de atribuciones y competencias. Y entre las competencias ejercitadas por el Estado se pueden encontrar competencias de carácter territorial, que hacen referencia a las cosas que se encuentran dentro de su territorio y a los hechos que en éste acaezcan, y competencias de carácter personal, que se refieren a las personas que habitan en territorio estatal, sean nacionales o extranjeros, o a personas determinadas, con independencia del hecho de que se encuentren o no en el territorio del Estado[4].

Vinculado a la idea de soberanía, en cuanto al contenido del poder territorial del Estado[5], tal poder no se concreta en un derecho sobre el territorio, sino que se manifiesta como un aspecto o comportamiento del poder general soberano del Estado mismo, que tiene por título un derecho sobre o para un territorio, pero que no tiene por objeto el territorio mismo, en cuanto el poder general soberano del Estado se

---

[2]   «Limiti della sovranità dello Stato e organizzazione internazionale», en *Studi di Diritto Costituzionale in memoria di Luigi Rossi*, Giuffrè, Milano, 1952, p. 370.

[3]   *Il Diritto Internazionale Tributario. Parte Generale. La Scienza della Finanza Internazionale Tributaria*, Roux Frassati e Cº, Torino, 1899, p. 14.

[4]   Cfr. DÍEZ DE VELASCO VALLEJO, M., *ob. cit.*, p. 299.

[5]   Nos guiamos aquí por la descripción que del mismo hace BISCARETTI DI RUFFIA («Territorio dello Stato», en la *Enciclopedia del Diritto*, Vol. XLIV, 1992, pp. 336 y 337).

desarrolla frente a todos los sujetos y a todas las cosas que se encuentran sobre un territorio. El territorio, pues, es objeto directo o indirecto del Derecho del Estado a él relativo, pero al mismo tiempo se presenta como el ámbito de extensión del poder territorial, o sea, el espacio dentro del cual el mismo se ejercita establemente. El poder territorial del Estado se comporta de modo diverso según que sea considerado al interno del Ordenamiento estatal, o bien desde la perspectiva del ámbito internacional.

Desde la primera perspectiva señalada, debemos tener en cuenta el hecho de que el Estado, en su interior, en base a la soberanía que le es propia, pueda ejercitar una plena autoridad sobre todas las personas y cosas que en el mismo se encuentren, persiguiendo fines de interés general, lo que tiene como consecuencia que las normas de los Ordenamientos extranjeros puedan encontrar en el mismo eficacia sólo en cuanto una norma del Ordenamiento estatal reenvíe a las mismas, atribuyendo, por regla general, la aplicación de éstas a órganos propios.

Tomando en consideración la distinción entre el poder sobre las personas y sobre las cosas, con referencia a las primeras el poder territorial soberano del Estado encuentra una clara manifestación en la sujeción del extranjero que se encuentre en su territorio a las leyes de tal Estado. De otro lado, el Estado puede dar asilo a un extranjero en su territorio en los casos previstos por el Ordenamiento jurídico, sustrayéndolo así, en base a su propio poder soberano, a los poderes que corresponden a otro Estado sobre su persona. Por otra parte, el Estado, en el ejercicio de su poder territorial, puede también expulsar de su propio territorio a extranjeros o apátridas que no le resulten aceptables, o bien puede impedir que entren en su territorio.

A su vez, en cuanto a la actuación del poder territorial del Estado sobre las cosas, tal poder consiente a éste establecer la disciplina jurídica de las mismas y de las relaciones de que son objeto, así como disponer de las mismas en los casos y forma establecidos por su Ordenamiento jurídico, haciendo uso, por ejemplo, de procedimientos de expropiación, sin perjuicio de las correspondientes indemnizaciones previstas por la ley. De otro lado, el Estado puede igualmente impedir la entrada en su territorio de mercancías, publicaciones y otro tipo de géneros procedentes del extranjero, basándose en motivaciones de diversa índole, que pueden ir desde razones de tipo sanitario a motivos de orden público.

En cuanto al contenido del poder territorial del Estado en el ámbito internacional, este poder se presenta como un poder natural al Estado, que propiamente no deriva al mismo del Derecho Internacional, sino que se presenta más bien como un presupuesto de hecho, sobre cuya base todo Estado puede pretender que otros Estados se abstengan de penetrar y de actuar en su territorio. Esto trae consigo, sin embargo, la consecuencia de que el Estado mismo deviene responsable de todo cuanto suceda en su territorio.

Todo Estado como titular de un específico derecho a la propia soberanía territorial en relación a los otros sujetos de Derecho Internacional, que se plasma en el derecho a no ser impedido del ejercicio de sus poderes en su propio territorio y a no sufrir mermas en tal ejercicio, dándose así el derecho a la integridad y a la intangibilidad territorial del Estado, no pudiéndose dar la injerencia de Estados extranjeros. Junto a esto se da el derecho del Estado a repeler, con los medios de autotutela admitidos por el Derecho Internacional, todo acto de violación del propio territorio y de la propia soberanía territorial, el llamado *ius excludendi alios*. De todo esto deriva una responsabilidad de Derecho Internacional para los Estados que violen el territorio extranjero. La sanción, cuando se incurre en tal responsabilidad, viene constituida por los actos de autotutela a que puede recurrir el Estado que ve su territorio violado o seriamente amenazado de violación, y por los otros medios de garantía de la soberanía territorial previstos en los tratados internacionales.

Si nos fijásemos en la composición del territorio del Estado, podríamos ver cómo éste no se compone solamente de tierra firme, sino que existen además, junto a ésta, otros componentes. Igualmente existen elementos territoriales de una más compleja calificación y condición jurídica. Entre estos elementos estaría la plataforma continental. Haciendo referencia a este elemento y a la vista de la Convención de

Ginebra de 1958, AZCÁRRAGA ha señalado que sobre ella el Estado al que corresponde no ejercita su «soberanía», sino «derechos soberanos» a efectos de su explotación y de la utilización de sus recursos naturales, derechos caracterizados por las notas de ser exclusivos, independientes de su ocupación ficticia o efectiva y no existe necesidad ni siquiera de proclamarlos[6]. Por otra parte, estos derechos son denominados en el artículo 77.1 de la Convención de Naciones Unidas sobre Derecho del Mar, de 10 de diciembre de 1982, «derechos de soberanía». De otro lado, HERNÁNDEZ GONZÁLEZ destaca que entre la zona de plena soberanía y las zonas libres existen en el mar zonas sin soberanía plena, donde los Estados ejercitan diversas competencias[7].

Entre los diversos poderes del Estado encontramos el poder legislativo. Así pues, debemos analizar cuál pueda ser la relación entre el poder legislativo y el poder soberano del Estado sobre el territorio.

El principio de territorialidad del Derecho encuentra sus orígenes conceptuales cuando se verifica -desde el final del siglo XII hasta la Paz de Westfalia en 1648- el paso del Estado de asociación de personas al Estado institucional de superficie que señala el inicio de la era moderna. Este cambio encuentra aplicación práctica cuando el territorio del Estado asume importancia como espacio independiente, señalando el alcance de la eficacia del Ordenamiento estatal, y junto a esto, cuando los teóricos del Estado tienen como evidente que la existencia del Estado depende necesariamente de un determinado territorio. En este proceso, el poder que primero se acumulaba en el Papado y en el Imperio y luego en las señorías y en los municipios feudales, se concentra

---

[6]   En base a esto, el Estado podrá ejercitar sobre la plataforma continental sus poderes en materia tributaria (AZCÁRRAGA, J.L. DE, «El concepto de plataforma continental ante el Derecho Tributario», en *XX Semana de Estudios de Derecho Financiero, Relaciones Fiscales Internacionales*, Editorial de Derecho Financiero, Madrid, 1973, pp. 780-783).

[7]   Cfr. HERNÁNDEZ GONZÁLEZ, F., «El ámbito espacial de aplicación de los impuestos españoles sobre el consumo», en la *Revista española de Derecho Financiero*, núm. 64, 1989, p. 532.

en los entes territoriales y autónomos que se presentarán como lo que hoy conocemos como Estados. La autonomía de éstos adquiere una importancia tal en la teoría del Estado que hará que se presente como elemento esencial de éste su soberanía territorial. La territorialidad de la ley se presenta como una inmediata consecuencia de la fuerza con la que se ha impuesto en la conciencia jurídica del Derecho europeo la idea de soberanía territorial[8].

Pero el principio de territorialidad comenzará su mutación y también su declive con el cambio en la concepción del Estado. Se desarrolló en el Derecho Internacional Privado la nueva concepción del Estado como Estado-nación surgido con la Revolución francesa, que se manifiesta en la exaltación de la soberanía popular en oposición al precedente absolutismo monárquico. Así las leyes no encontrarán solamente el punto de conexión con el Estado en la realización de un presupuesto de hecho en su territorio, sino que se comenzará a distinguir también una pertenencia personal al Estado de los sujetos, de manera que las leyes de éste puedan vincular a sus nacionales también por los hechos realizados en el extranjero. Con todo ello, el territorio continúa siendo base y elemento esencial del Estado. En esta evolución del principio de territorialidad, las dos fundamentales objeciones puestas a este principio son, de un lado, que la delimitación territorial del poder normativo estatal no es un principio imperativo, en cuanto la disciplina jurídica de los hechos verificados en el extranjero no comporta necesariamente la violación del territorio extranjero y, de otro, que el concepto de «territorialidad» es tan indeterminado que es imposible derivar de él concretas consecuencias jurídicas[9].

Pero, ¿el poder legislativo se puede considerar como una manifestación del poder del Estado sobre el territorio? El presupuesto de hecho de las normas jurídicas no siempre consiste en situaciones producidas

---

[8]   Cfr. SACCHETTO, C., «Territorialità (diritto tributario)», en la *Enciclopedia del Diritto*, Vol. XLIV, 1992, pp. 307-309.

[9]   Cfr. SACCHETTO, C., «Territorialità (diritto tributario)», *cit.*, págs. 309 y 310.

en el territorio del Estado que crea la norma. Las leyes de un Estado se pueden aplicar, como sucede a través de las normas de conflicto de Derecho Internacional Privado, a hechos acaecidos en el extranjero pero vinculados con el Estado a través de un vínculo de nacionalidad de los sujetos intervinientes en la correspondiente situación. Así encontramos casos de hechos producidos en un Estado relativos a sujetos de otro Estado y que son regulados por la ley de este último. Entonces, ¿estos casos implicarían que el poder de crear normas jurídicas no es una manifestación del poder territorial?

En relación a las normas jurídicas, en el Estado se pueden encontrar el poder de su creación y el poder de su aplicación. Su aplicación se presenta, sin duda, como una manifestación del poder soberano del Estado sobre su territorio. Si un Estado aplica una decisión de poder en territorio extranjero, en principio, estaría violando el Derecho Internacional. La aplicación de decisiones de poder en territorio extranjero sólo se puede dar en el marco de la cooperación internacional entre Estados. El Estado en cuyo territorio se aplica una medida de poder, ha tenido que aplicarla él mismo o haber dado su consentimiento para su aplicación por órganos de otro Estado.

Si pensamos en el poder de creación normativa, y en relación a los casos conflictivos mencionados *supra*, debemos tener presente que si un Estado decide, a través de sus normas de conflicto, que sus leyes se apliquen a sus nacionales por hechos acaecidos en el extranjero, lo está decidiendo en normas -las mencionadas normas de conflicto- a aplicar sobre el propio territorio (*lex fori*), que toman como presupuesto la existencia de un conflicto de Derecho presentado ante sus órganos. Y cuando en base a las normas de conflicto de un Estado se debe dar aplicación a los nacionales de otro Estado de la ley de su Estado aunque por hechos no acaecidos en el territorio de éste, el fundamento de esta aplicación normativa se encuentra en el poder del Estado en el que se aplica.

Además, cuando un Estado toma como presupuesto de hecho de normas suyas que no sean de conflicto, sino normas materiales, hechos no acaecidos en su territorio relativos a sus nacionales, está de todas formas estableciendo en estas normas unas consecuencias jurídicas a aplicar sobre el propio territorio. Son normas en las que el presupuesto de hecho toma en consideración el elemento extranjero y que son creadas por el Estado pensando en su aplicación en su territorio por sus órganos.

En el poder de crear normas no se puede pensar sin la existencia de un Ordenamiento jurídico; en un Ordenamiento jurídico no se puede pensar sin un Estado, porque las normas de los entes territoriales inferiores que se forman dentro del territorio estatal se integran en el Ordenamiento del Estado y los Ordenamientos de las organizaciones supranacionales encuentran aplicación en los Estados porque éstos han dado su consentimiento para ello; y un Estado no puede existir sin territorio, dado que éste es un elemento esencial para ello. Y no se puede pensar en un Ordenamiento jurídico sin pensar en la aplicación de sus normas, pensando solamente en la creación de éstas, porque sería un sistema inservible en cuanto que no podría ser eficaz. Así, no se puede disociar tampoco el poder de creación normativa del Estado de su poder sobre el territorio.

Señalaba SAINZ DE BUJANDA que los casos en que un Estado pierde la soberanía sobre una parte de su territorio por un acuerdo internacional o por simple ocupación material, son casos donde el Estado ocupante puede declarar la invalidez o la ineficacia de las leyes del precedente Estado[10]. Esto nos hace ver hasta qué punto el poder de creación normativa se une necesariamente al poder soberano del Estado sobre el territorio.

---

[10]   Cfr. SAINZ DE BUJANDA, F., *Lecciones de Derecho Financiero*, octava edición, Universidad Complutense, Facultad de Derecho, Sección de Publicaciones, Madrid, 1990, p. 53.

VI

LAS TEORÍAS QUE HAN CONECTADO EL PODER TRIBUTARIO DEL ESTADO CON LA IDEA DE SOBERANÍA. LA DESVINCULACIÓN DEL PODER TRIBUTARIO DEL ESTADO DE LA IDEA DE SOBERANÍA EN EL PLANO INTERNO Y LA IDEA DE SOBERANÍA ANTE EL FENÓMENO TRIBUTARIO INTERNACIONAL

En la doctrina del Derecho Tributario podemos encontrar autores que unen el Poder Tributario del Estado con la soberanía de éste[1]. Para BLUMENSTEIN el «poder de imposición» se presenta como «una emanación de la soberanía territorial, o sea del poder de señoría sobre las personas y las cosas que se encuentran en el territorio del ente público»[2]. De otro lado, MICHELI señala que el poder de crear normas jurídicas tributarias constituye una manifestación del poder legislativo, presentando a éste como una manifestación de la soberanía[3]. Para

---

[1]   Véanse, entre otros, BERLIRI, A., *Corso Istituzionale di Diritto Tributario*, Vol. I, Giuffrè, Milano, 1985, pp. 55 y 138; FANTOZZI, A., *Diritto Tributario*, UTET, Torino, 1991, p. 209; FERREIRO LAPATZA, J.J., *Curso de Derecho Financiero Español*, cit., p. 103; NÚÑEZ PÉREZ, G., *Poder Tributario y no sujeción tributaria*, Universidad de La Laguna, Secretariado de Publicaciones, La Laguna, Tenerife, 1986, pp. 113-235; y SAINZ DE BUJANDA, F., *Lecciones de Derecho Financiero*, cit., p. 77.

[2]   *Sistema di Diritto delle imposte* (Traducción al italiano de F. FORTE), Giuffrè, Milano, 1954, p. 35.

[3]   Cfr. MICHELI, G.A., «Premesse per una teoria della potestà di imposizione», en la *Rivista di Diritto Finanziario e Scienza delle Finanze*, Parte I, 1967, p. 264.

Cocivera el Poder Tributario es la manifestación más emergente de la soberanía del Estado[4].

También existen autores que hablan incluso de «soberanía fiscal»[5]. El «fenómeno fiscal», según Carli «se concretiza, esencialmente, en dos situaciones: una activa, la soberanía fiscal -la cual, a su vez, puede ser escindida en «soberanía de normación», «soberanía de imposición» y «soberanía de percepción»-; una pasiva, constituida por la sujeción tributaria»[6]. Para Bayona de Perogordo «la soberanía fiscal es una expresión de la soberanía política del Estado»[7]. Por otra parte, Griziotti se pronunciaba así: «Las prestaciones tienen carácter de verdaderos impuestos sólo cuando son la expresión de la soberanía fiscal. La soberanía financiera es una manifestación de la soberanía general del Estado»[8].

Señala Kruse que la soberanía impositiva es una parte de la soberanía financiera, que a su vez se presenta como una parte de la soberanía estatal general. La soberanía impositiva para este autor incluye las funciones estatales legislativas, ejecutivas y jurisprudenciales. Pero manifiesta que la totalidad de la soberanía financiera, y no sólo la soberanía impositiva, posee una autonomía cierta frente a la autonomía estatal general[9]. Ha destacado Yebra Martul-Ortega que si

[4] Cfr. Cocivera, B., *Principi di Diritto Tributario*, Vol. I, Giuffrè, Milano, 1959, p. 102.

[5] Véanse, entre otros, Sampay, A.E., *ob. cit.*, p. 76, y Sopena Gil, J., «La aplicación de las leyes fiscales españolas en la plataforma marítima continental o zona económica exclusiva», en la *Revista española de Derecho Financiero*, núm. 41, 1984, p. 7.

[6] «Cooperazione internazionale tributaria», *cit.*, pp. 1 y 2.

[7] «Impuesto Industrial. Licencia Fiscal. La aplicación de las normas tributarias en el espacio», en *Crónica Tributaria*, núm. 1, 1972, p. 198.

[8] «Studi di Diritto Tributario», en *Studi nelle Scienze Giuridiche e Sociali*, Vol. XII, R. Università di Pavia, 1928, p. 95.

[9] Cfr. Kruse, H.W., *Derecho Tributario. Parte General* (Traducción de P. Yebra Martul-Ortega y M. Izquierdo Macías-Picavea), Editorial de Derecho Financiero, Editoriales de Derecho Reunidas, Madrid, 1978, pp. 88 y 89.

la sociedad actual, en su caracterización como Estado, necesita de la soberanía para el desarrollo de su vida política, de ello derivará como necesaria consecuencia que esto suceda también en el campo de su actuación financiera y es por esto por lo que la soberanía financiera se encuentra en relación con la soberanía general que de manera originaria corresponde al Estado[10].

Frente a las opiniones doctrinales vistas *supra*, hay autores que han buscado desvincular el Poder Tributario del Estado del concepto de soberanía, sobre todo en lo relativo al fundamento de aquél. Así, VANONI señala que «el tributo no es debido por causas exteriores, como la sumisión de ciertos sujetos a la soberanía o a la supremacía del Estado, sino que es debido por la misma necesidad de la existencia del ente público»[11].

Partiendo de la consideración de la «*potestà d'imposizione*» como un concepto que se descompone sobre los planos de la normación primaria y de la administración, y que sobre el primero se disuelve en el genérico concepto de poder normativo, SCOCA manifiesta que se presenta arduo a este punto hablar del Poder impositivo como un aspecto de la soberanía. Según este autor, se necesitaría, en primer lugar, establecer si la soberanía se adapta mejor al poder de dictar normas o al de dictar actos administrativos. Y señala que en el caso en que se prefiera la primera hipótesis sería necesario determinar si tenga un sentido efectivo definir como soberano el poder legislativo tributario, sobre todo si se intenta con ello diferenciar de algún modo este último del general poder legislativo[12].

---

[10]   Cfr. YEBRA MARTUL-ORTEGA, P., *Poder Financiero*, Editorial de Derecho Financiero, Editoriales de Derecho Reunidas, Madrid, 1977, p. 26.

[11]   «Elementi di Diritto tributario», en *Opere Giuridiche* (a cargo de F. FORTE y C. LONGOBARDI), Vol. II, Giuffrè, Milano, 1962, p. 38.

[12]   Cfr. SCOCA, F.G., «Stato ed altri enti impositori di fronte al dovere di prestazione tributaria», en *Diritto e Pratica Tributaria*, Parte Prima, 1968, pp. 175 y 176.

Respondiendo a este interrogante SCOCA destaca que la tradicional correlación entre imposición y soberanía del Estado aparece como una correlación decididamente superada, que tuvo probablemente su legitimidad racional solamente cuando la soberanía se entendía como el conjunto de las prerrogativas del Soberano, en el período del absolutismo. Continúa este autor señalando que esta concepción de la soberanía se ha transmitido por la fuerza misma de la tradición y se ha resistido a la sucesiva elaboración de los conceptos que ella misma implica, llegando hasta nosotros como una vieja imagen vacía de contenido. De un lado, indica este autor que la noción de soberanía del Estado resulta rechazable por su inactualidad y que, en particular, se debe negar cualquier significado concreto a una eventual idea de soberanía del Estado-persona. De otro lado, destaca que la noción de imposición no rige en los términos de poder comprensivamente entendido como unidad de poder normativo y administrativo. Y señala que si la «*potestà d'imposizione*», entendida como «*potestà amministrativa*», difícilmente es referible a la soberanía, la «*potestà normativa tributaria*», si se quiere considerar como potestad soberana, debe considerarse tal como «*potestà normativa*» y no como «*potestà tributaria*». Así, el mismo autor manifiesta que resulta verdaderamente considerable la resistencia que la noción de soberanía denota en esta materia, donde, entre otras cosas, ha sido más fuertemente y más antiguamente sentida la exigencia de limitar y disciplinar de algún modo la exacción coactiva de riqueza a los sujetos privados para fines públicos, tanto sobre el plano de la institución y disciplina de los tributos, cuanto sobre el de su concreta aplicación y recaudación[13].

Concluye SCOCA que, verificada la posición del Estado en relación al Poder impositivo en general, se puede rechazar la antigua proposición tradicional según la cual del Poder impositivo se presentaba como una típica manifestación de la soberanía del Estado[14].

---

[13]   Cfr. SCOCA, F.G., *ob. cit.*, pp. 176 y 177.
[14]   Cfr. SCOCA, F.G., *ob. cit.*, p. 185.

Por otra parte, RODRÍGUEZ BEREIJO destaca cómo la aplicación de la noción de soberanía en el ámbito tributario ha venido repitiéndose por la doctrina resistiéndose ésta a los profundos cambios y transformaciones en el concepto y en la estructura jurídico-política del Estado moderno. Ha existido una inercia de la doctrina en el sentido de moverse según las ideas que venían usándose normalmente y una cierta pereza mental de ésta en el sentido de no cuestionar la validez de una idea que ya no tenía, al menos, el mismo significado que podía tener en sus formulaciones originarias. Señala que, sin embargo, «ciertamente, hay que reconocer que la alusión casi unánime a la idea de soberanía tributaria que hoy puede encontrarse en los autores, no siempre encierra una grave trascendencia dogmática; dado que en muchos casos constituye un término retórico, una verdadera cláusula de estilo, sin otra finalidad que la de permitir al lector una cómoda remisión a una vaga alusión al poder coactivo del Estado que, innegablemente, se manifiesta en la imposición de los tributos». No obstante, indica este autor que «no por retórica, la alusión a la idea de soberanía deja de ser menos perturbadora e inadecuada para explicar el Poder de imponer tributos, puesto que induce a confusión no sólo acerca del concepto y naturaleza del Poder tributario mismo, sino también acerca de lo que constituye el fundamento jurídico de la imposición»[15].

Analizando la idea de soberanía en el Estado contemporáneo, CAZORLA PRIETO destaca que ésta viene considerada como una cualidad política del Estado, con una proyección segura en relación al interior, o que, por el contrario, pierde su valor para presentarse sin sentido en la concepción del Estado de Derecho que hoy día prevalece. Así comprendida la soberanía, es extrapolada de su verdadero contexto y no consigue justificar el instituto a cuya explicación se aplica. Señala este autor que la soberanía ha nacido como concepto netamente político, que contribuye a la creación del Estado, como nueva forma de organización

---

[15]   Cfr. RODRÍGUEZ BEREIJO, A., *Introducción al estudio del Derecho Financiero*, Instituto de Estudios Fiscales, Madrid, 1976, p. 234.

político-social. En los primeros momentos del desarrollo del concepto en análisis, éste pierde su dirección inicial y pasa a ser atribuida al monarca absoluto y luego a la institución parlamentaria. De forma paralela se produjo un proceso de identificación con las funciones desarrolladas por el Estado, alejándose así de su propia naturaleza. Las dificultades que se han encontrado en el trabajo de una explicación jurídica de la soberanía, son una prueba de que ésta no es un instituto jurídico, sino una realidad sustancialmente política. Entendida como cualidad política del Estado, puede ser referida solamente a éste o al conjunto de la totalidad de las funciones que desarrolla, pero no a sus funciones consideradas en particular y, así, encuentra la soberanía un significado especial en la delimitación del Estado contemporáneo, no solamente en el campo internacional, sino también en el interno en los tiempos actuales de gran pluralismo social y político. Para este autor la noción de soberanía tiene todavía un papel que desarrollar en el campo de la dogmática del Estado contemporáneo, siempre que se respeten dos premisas básicas que son: en primer lugar, que la soberanía sea estimada como cualidad política del Estado, constituyendo un presupuesto del mismo, sin que proceda trasladar este concepto al campo de las funciones del Estado; y, en segundo lugar, que esta categoría no sea comprendida como en sus orígenes, sino en el contexto histórico en el cual se mueve hoy el Estado contemporáneo, adaptándose así a la realidad actual. Y el significado político actual de la soberanía se ve claro para este autor cuando nos encontramos frente a grupos, asociaciones, conjuntos sociales que han adquirido un gran peso socio-político y económico, y que a veces se presentan como rivales potenciales del Estado. Frente a tales eventos el concepto de soberanía tiene un papel que desarrollar. Destaca este autor que la característica definitoria del Estado frente a estos grupos socio-económicos, que a veces llegan incluso a poseer unos instrumentos de poder que se acercan a los propios de una estructura estatal, es la soberanía, solamente predicable así del Estado[16].

---

[16]   Cfr. CAZORLA PRIETO, L.M., *Poder tributario y Estado contemporáneo*, Instituto de Estudios Fiscales, Madrid, 1981, pp. 52-63.

Pero, cuando CAZORLA PRIETO analiza el fundamento del Poder Tributario del Estado, manifiesta que éste no se encuentra en la soberanía. Distingue este autor tres tipos de fundamentos del Poder Tributario del Estado contemporáneo: un fundamento económico, que hace referencia a la función de financiación de los gastos públicos que tiene el tributo; un fundamento político-social, conectado a los acuerdos de las principales fuerzas políticas para decidir cómo debe ser la financiación de los gastos públicos; y un fundamento jurídico, que se encuentra en las Constituciones de los Estados[17].

Además de esto, debemos destacar la opinión de FALCÓN Y TELLA, según el cual la noción de Poder Financiero debe ser desvinculada de la idea de soberanía, tanto en el plano interno, como en el plano internacional[18].

De otro lado, como hemos visto, ha habido autores que han definido y analizado la «soberanía fiscal» desde la perspectiva del fenómeno tributario internacional. Es decir, han estudiado ese concepto a la vista de la confluencia de los Poderes Tributarios de diversos Estados sobre manifestaciones de riqueza que sobrepasan los límites territoriales de éstos, entrando así en relación estas manifestaciones con esos Poderes Tributarios de distintos Estados y, de otro lado, tomando en consideración que los Estados buscan la cooperación de otros Estados para hacer efectivas sus pretensiones tributarias, vista la movilidad de sus contribuyentes y de los patrimonios de éstos.

---

[17] Cfr. CAZORLA PRIETO, L.M., *Poder tributario y Estado contemporáneo*, cit., pp. 115-151.

[18] Cfr. FALCÓN Y TELLA, R., *Introducción al Derecho Financiero y Tributario de las Comunidades Europeas*, cit., p. 106.

VII

LÍMITES AL PODER SOBERANO DEL ESTADO SOBRE SU PROPIO TERRITORIO

Hemos recogido *supra* la opinión de DÍEZ DE VELASCO referente a que la concepción de la soberanía como un conjunto de competencias y no como un todo indivisible, hace que éstas se vean sujetas a límites. Así, el Estado puede ver limitadas sus competencias sobre su propio territorio. Veremos ahora cuáles pueden ser las fuentes de estas limitaciones y prestaremos atención al concepto de extraterritorialidad, que ha tenido una especial importancia en este ámbito.

Señala BISCARETTI DI RUFFIA que existen supuestos de hecho en que, por explícita voluntad del Estado, el ejercicio de su poder sobre el propio territorio viene a encontrar algún límite, en el sentido de consentir que otros Estados ejerciten en tal territorio funciones de una cierta relevancia o que él mismo se abstenga de ejercitar allí algunas manifestaciones del propio poder soberano. Continúa señalando que, con expresión tomada del Derecho privado, se suele hablar, al respecto, de «servidumbres internacionales», que vienen a surgir, por ejemplo, cuando el Estado consienta que determinadas potencias extranjeras instalen sobre el propio territorio emplazamientos o depósitos militares, manteniendo allí las tropas necesarias, o bien, el Estado asuma el compromiso de limitar o de abolir fortificaciones y otros edificios de carácter militar en específicas zonas fronterizas, etc. Añade este autor que, del mismo modo, en base a más amplios acuerdos internacionales, el Estado puede aceptar particulares limitaciones a la propia soberanía sobre el territorio, decidiendo someterse a inspecciones y controles por parte de otros Estados o de las correspondientes organizaciones internacionales, o bien consintiendo que otros Estados desarrollen en el mismo actividades específicas[1].

Verdaderamente estas limitaciones representan supuestos en los que el Estado autolimita el ejercicio de su poder sobre el propio territorio, dado que es su consentimiento lo que justifica que no pueda realizar ciertos actos sobre el propio territorio. Su consentimiento, manifestado a través de un tratado internacional o de manera menos formal, es lo que hace nacer tal deber jurídico a su cargo.

En el caso de la Unión Europea, las limitaciones contempladas por los tratados internacionales que forman parte del Derecho Comunitario originario son autolimitaciones, en cuanto han sido expresamente consentidas por los Estados miembros cuando se han adherido a los mismos. Pero luego, existen también límites que provienen del Derecho Comunitario derivado, que es expresión de un poder autónomo de decisión de la Unión Europea, pero que encuentra su fundamento y límites en el Derecho Comunitario originario. En principio, los Estados miembros no deberían dar su propio consentimiento expreso a cada acto de Derecho Comunitario derivado, pero cuando se adhieren a la Unión Europea aceptan quedar vinculados por estos actos, que a su vez tienen eficacia directa en su Ordenamiento y primacía sobre las normas de origen interno. Así, en el fondo, también en relación a los límites provenientes del Derecho Comunitario derivado encontramos su fundamento en el consentimiento del Estado, o sea, en un supuesto de autolimitación.

Es más, todo podría matizarse más aun, dada la persistencia de la regla de la unanimidad para la adopción de normas de Derecho Comunitario derivado en materia de armonización fiscal, de tal forma que los representantes de los Gobiernos de todos los Estados miembros deberían dar su visto bueno en el Consejo para la aprobación de una norma de armonización fiscal.

---

[1]   Cfr. BISCARETTI DI RUFFIA, P., *ob. cit.*, pp. 352 y 353.

El Derecho Internacional Convencional, constituido por los tratados internacionales, forma parte del Derecho Internacional particular,
dado que no existe ningún tratado al que hayan prestado su consentimiento todos los Estados del mundo, o sea, no hay ningún tratado
internacional de vigor universal y especialmente en materia tributaria.
El Derecho Internacional General, en cuanto Derecho de aplicación a
toda la Sociedad Internacional —queremos decir, a todos los Estados
del mundo—, se compone solamente de costumbres internacionales y
de Principios Generales del Derecho; cierto es que normas de validez
universal se encuentran contenidas en algunos tratados internacionales,
pero, dado que éstos no tienen un alcance universal, sino reducido a
los Estados parte, las mismas son solamente costumbres que han sido
codificadas a través de tales tratados.

Las costumbres internacionales y los Principios Generales del
Derecho reconocidos por las naciones civilizadas son considerados
por el artículo 38 del Estatuto del Tribunal Internacional de Justicia
como fuentes que deben ser tenidas en cuenta por éste para resolver
las controversias que le sean presentadas. Estos dos tipos de fuentes se
aplican a los Estados aunque éstos no presten su consentimiento a las
mismas. Bien es cierto que en la formación de las costumbres inciden
actos de los Estados, decididos por éstos, y que cuando el Ordenamiento de un Estado reconoce un Principio General del Derecho hay
que entender que el Estado se muestra conforme con él. Pero en estos
casos, a diferencia de lo que sucede con los tratados internacionales,
no encontramos un consentimiento directo a la creación de una norma
de Derecho Internacional. Solamente las costumbres internacionales y
los mencionados Principios Generales pueden integrarse en el Derecho
Internacional General, teniendo, pues, un alcance universal. Esto no
quita que, además de las costumbres internacionales generales o uni-
versales, se encuentren costumbres particulares, de alcance regional o
meramente local o solamente bilateral, que no se pueden incluir, dado
su alcance, en el Derecho Internacional General.

En el Derecho Internacional General se encuentran normas im-
perativas, llamadas normas de *ius cogens*, normas cuya aplicación no

puede ser impedida, ni por el pacto de los Estados en sentido contrario. El artículo 53 del Convenio de Viena sobre el Derecho de los Tratados, de 23 de mayo de 1969, dispone que es nulo todo tratado internacional que, en el momento de su celebración, se encuentre en oposición con una norma imperativa de Derecho Internacional General, señalando que, a los efectos de este Convenio, por tal se debe entender una norma aceptada y reconocida por la Comunidad Internacional de Estados en su conjunto como norma que no admite acuerdo en contrario y que solamente puede ser modificada por una norma ulterior de Derecho Internacional General que tenga el mismo carácter[2].

Pero, además de los límites provenientes del Derecho Internacional, no debemos olvidar que el Estado, en el ejercicio del poder sobre su territorio, debe respetar también los límites puestos al mismo por su pueblo a través de su Constitución. Cierto es que en los Estados de Derecho el Estado mismo está sometido a sus propias leyes, pero esto no es propiamente un límite con respecto a las relaciones internacionales, en cuanto que el Estado puede cambiar en cualquier momento una ley suya, sin otro límite que lo dispuesto por su Constitución y, así, cambiar su comportamiento internacional si no se encuentra vinculado por ningún deber internacional.

---

[2]   Sobre las fuentes del Derecho Internacional Público, véase especialmente DÍEZ DE VELASCO VALLEJO, M., *ob. cit.*, pp. 80 y ss.

VIII

LA EXTRATERRITORIALIDAD

Hay espacios del territorio de un Estado en los que éste se ve privado de ejercitar sus plenos poderes; son puntos en los que un Estado extranjero ejercita ciertas funciones a través de sus agentes, como es el caso de embajadas y misiones diplomáticas. Para hacer referencia al fenómeno por el que el Estado no puede ejercitar sus plenos poderes en estos espacios se ha usado el término «extraterritorialidad».

Señala TAMBURINI que el recurso a tal término no es sino el residuo histórico de la ficción a la que se ha recurrido, principalmente en los siglos XVI y XVII, a fin de explicar la inmunidad frente a la jurisdicción local de los agentes extranjeros admitidos a operar en el territorio del Estado y, en particular de entre ellos, de los agentes diplomáticos, y los lugares donde estos agentes operan se presentaban como equiparables a porciones del territorio de su Estado de pertenencia. Continúa este autor señalando que, con el pasar del tiempo, se ha seguido después hablando de extraterritorialidad con referencia a la inmunidad de los agentes diplomáticos -así como de los otros agentes regularmente admitidos al ejercicio de sus funciones en el territorio estatal- aunque, en efecto, se era bien consciente de que tales inmunidades no se presentaban como una consecuencia del principio según el cual el derecho de todo Estado a desarrollar las actividades que le son propias en su territorio comporta como corolario el deber de asegurar en tal ámbito espacial la protección de los derechos de los otros Estados. No obstante, destaca este autor que, haciendo referencia al origen etimológico del término en estudio, la doctrina más reciente ha subrayado que, aunque se hable de extraterritorialidad para indicar la particular condición de que vienen a gozar los agentes extranjeros —incluidos los funcionarios internacionales y los cuerpos de tropa— regularmente admitidos a desarrollar sus funciones en el ámbito del territorio, mejor sería hablar en este caso de inmunidades personales, refiriéndose con tal término a una particular condición jurídica de las personas[1].

Sacar las inmunidades personales del concepto de extraterritorialidad reduce este concepto a ciertas porciones del territorio estatal: así, emplazamientos diplomáticos o militares extranjeros y los casos de las naves de guerra que se encuentren en las aguas territoriales de Estados distintos del Estado de su pabellón. Destaca TAMBURINI que en estos casos el recurso al concepto de extraterritorialidad se justifica «sólo como ficción jurídica tendente a evidenciar la especial condición de tales ámbitos espaciales». Señala este autor que en estos casos se ha hecho referencia a la extraterritorialidad por la analogía práctica de los mismos con la situación así denominada y, no ya, porque las naves o las sedes de las misiones escapasen al régimen propio del ámbito espacial que las rodea, y que así se admite ya corrientemente que los actos y los hechos realizados en el interior de los emplazamientos diplomáticos o militares, o a bordo de naves extranjeras en aguas territoriales, deben entenderse, desde todos los puntos de vista, como actos y hechos acaecidos en el territorio del Estado que acoge el emplazamiento o la nave; aunque luego, evidentemente, la inmunidad del lugar o de las personas que los realizan pueda sustraer tales actos o hechos a la jurisdicción y a las medidas coercitivas de tal Estado. Y todo ello en razón de un consentimiento, expreso o implícito, de los componentes de la Sociedad internacional[2].

En esta línea, las «inmunidades territoriales» para BISCARETTI DI RUFFIA[3] no significan que tales porciones del territorio del Estado deban considerarse como pertenecientes a un Estado extranjero —lo que

---

[1] Cfr. TAMBURINI, M., «Extraterritorialità», en la *Enciclopedia Giuridica Treccani*, p. 1.
[2] Cfr. TAMBURINI, M., *ob. cit.*, pp. 2 y 3.
[3] Cfr. BISCARETTI DI RUFFIA, P., *ob. cit.*, p. 353.

daría verdaderamente lugar, en sentido propio, a casos de «extra-territorialidad»— sino simplemente que en relación a las mismas subsisten particulares limitaciones del poder soberano del Estado. Así, en consecuencia, por ejemplo, el extranjero que allí nace, nace en el territorio del Estado de que son parte tales porciones territoriales; la sede está sujeta, en principio, a las leyes del Estado que la acoge, aunque esté limitada la aplicación de las mismas dentro de su ámbito; el mismo jefe de la misión diplomática no podrá ejercitar en la sede de la misión actos de coacción ni siquiera con respecto a los propios conciudadanos.

IX

LA INEFICACIA DEL PODER TRIBUTARIO DEL ESTADO FUERA DEL TERRITORIO BAJO SU SOBERANÍA

La cooperación internacional en materia tributaria, sin perjuicio de algunos otros campos de actuación, ha tenido dos ámbitos fundamentales en los que ha encontrado mayor desarrollo. De un lado, se encuentra la cooperación entre Estados para eliminar la doble imposición internacional, lo cual se articula principalmente a través de convenios bilaterales para eliminar dicha doble imposición. De otro, nos encontramos con una cooperación entre las Administraciones tributarias de distintos Estados tendente a la aplicación efectiva de los tributos. Pues bien, en este trabajo nos vamos a plantear cuál o cuales pueden ser los fundamentos de la cooperación internacional en este segundo ámbito, analizando lo que se puede considerar al respecto como un principio general de Derecho Internacional y aquello que por el momento no puede recibir tal consideración.

Los Estados no pueden actuar sin autorización en territorio extranjero. Un Estado, por sí mismo, a través de sus propios agentes no puede hacer valer su Derecho fuera de sus fronteras, porque éstas delimitan el ámbito de su soberanía territorial. Esto constituye un principio de Derecho Internacional General. Cuando no se respeta esta norma se produce una violación de la soberanía de otro Estado y, así, un ilícito internacional. Y, por otra parte, dentro de un Ordenamiento jurídico, en principio, no tienen vigencia las normas jurídicas extranjeras. Para que una norma de un Ordenamiento jurídico produzca efectos en otro, es necesaria una norma de éste que reenvíe al Derecho extranjero o acuerde la recepción de los efectos de éste en el propio Ordenamiento. Así, para la eficacia o aplicación del Derecho extranjero en el Ordenamiento de un Estado, es necesario el consentimiento de éste, expresado por medio de una norma interna o a través de un instrumento jurídico internacional, como puede ser un convenio internacional.

En relación a la primera idea que hemos señalado, o sea, la que hace referencia a la imposibilidad de ejercitar el poder estatal en territorio extranjero, debemos tener en cuenta, como señala POCAR, que en la vida de relación entre los Estados puede reputarse cierta la formación y la actual existencia de un deber descendiente del Derecho Internacional General o consuetudinario, en base al cual todo Estado está obligado a abstenerse de penetrar en el ámbito territorial en el que se ejercita establemente la autoridad de otro Estado y de ejercitar en tal ámbito actividades de imperio o, más genéricamente, públicas. Pero, como destaca este mismo autor, tal deber internacional de abstenerse de penetrar y de ejercitar el poder estatal en territorio extranjero, del que estamos hablando, no puede, por otra parte, entenderse de manera rígida y absoluta. Es decir, no puede ser configurado en el sentido de que el mismo comprenda siempre y de todas maneras cualquier actividad de imperio del Estado en territorio extranjero. El mismo, en efecto, no se extiende a todas las actividades que deben entenderse autorizadas sea en base a normas de Derecho Internacional General o particular, sea en base al consentimiento explícito o implícito del Estado donde se realicen[1].

Con respecto a la misma idea, destaca UDINA que como consecuencia de la yuxtaposición de los diversos Ordenamientos estatales en una comunidad jurídica como es la Comunidad internacional, el poder de imperio propio de cada Ordenamiento no es ilimitado ni de hecho ni de Derecho, en el sentido de que no es ilimitado, esto es, universal, el Ordenamiento jurídico del Estado del que emana. Sobre ello, este autor señala que una característica esencial del poder de imperio es

---

[1]   Cfr. POCAR, F., *L'esercizio non autorizzato del potere in territorio straniero*, CEDAM, Padova, 1974, pp. 1 y 3.

que los mandatos en que el mismo se concreta pueden ser actuados, si es necesario, coercitivamente. Esto puede darse dentro de ciertos límites. El primero y fundamental entre estos límites está constituido por el territorio de cada Estado. El territorio, en efecto, además de ser un elemento esencial para la misma existencia del Estado, constituye el espacio dentro del cual puede desplegarse el poder de imperio ínsito en el respectivo Ordenamiento jurídico. Los mandatos del Estado pueden también dirigirse excepcionalmente más allá de los límites territoriales que le son propios, cuando los mismos, aun teniendo tal destino ultra-territorial, estén destinados, de todas formas, a tener actuación final dentro del territorio, o bien cuando el Estado extranjero libremente consiente, o es obligado a consentir en base a los principios del Derecho Internacional General, que los mismos tengan actuación en su propio territorio. Si no es así, no se trataría ya de mandatos jurídicos, sino de simples preceptos y declaraciones político-morales, que no pueden considerarse expresión del poder de imperio. Todo esto vale también para el Poder Tributario, que pone en juego el poder de imperio estatal. Y así, el Estado que intentase actuar coercitivamente sus propios mandatos tributarios fuera de los límites territoriales de su poder de imperio, en los casos en que no le sea expresamente consentido, no sólo cometería un ilícito internacional, sino que se encontraría casi siempre en la práctica material imposibilidad de actuarlos, a menos que no quisiese dar lugar a toda una serie de actos ilícitos[2].

Sobre la norma general de Derecho Internacional que prohíbe a los Estados ejercitar su poder de imperio en el territorio ajeno, señala SACCHETTO que, en sede de Derecho Tributario, tal norma no hace referencia «al específico contenido material de la actividad que el Estado intentaría actuar y que según las calificaciones de derecho interno se define como tributaria, sino a tutelar el principio por el que toda actividad dirigida a la actuación concreta de la norma viene considerada

---

[2]   Cfr. UDINA, M., *Il diritto internazionale tributario*, cit., pp. 57 y 58.

como sometida a los límites territoriales puestos al desarrollo de las actividades soberanas»[3].

Así pues, en principio, los órganos de un Estado no pueden ejercitar sus potestades tributarias en el territorio de otro Estado. De esta manera, tales órganos no pueden hacer efectivo el Poder Tributario de su propio Estado fuera de las fronteras territoriales de éste. Esto encontraría una excepción en los casos en que se dé un consentimiento del Estado a la actuación de órganos extranjeros sobre su propio territorio.

Señala BISCOTTINI que cuando un Estado está legitimado para organizar servicios propios en el extranjero, es lógico que tenga el poder de imponer las correspondientes tasas y que a éstas se sometan también los ciudadanos locales que se beneficien de tales servicios. El ejemplo típico al respecto está representado por los servicios consulares. Añade este autor que, naturalmente, si la recaudación de tributos por parte de los cónsules en el extranjero aparece justificada cuando aquéllos tienen el carácter de tasas en sentido propio, la pretensión carecería de base cuando se tratase de exigir impuestos[4].

Los representantes diplomáticos y consulares son un ejemplo de agentes extranjeros que actúan en territorio de otro Estado con el consentimiento de éste. Las representaciones diplomáticas y los consulados realizan servicios y actividades públicas, que pueden dar origen al pago de una tasa. En estos casos, tanto la actividad pública que da origen a la tasa, como la recaudación de ésta, constituyen ejercicio de poder público en territorio extranjero. De todas formas, estas actividades pueden ser realizadas sin salir de la sede de la representación diplomática o consular, sede que posee un régimen especial y sobre cuyo espacio físico están limitados los poderes del Estado en el que se encuentra. Si tenemos en cuenta la estructura y el funcionamiento aplicativo de las tasas, dado que éstas se exigen por la realización de actividades administrativas, tal

[3]   «Territorialità (diritto tributario)», *cit.*, p. 324.

[4]   Cfr. BISCOTTINI, G., *Diritto Amministrativo Internazionale*, Tomo II (*La circolazione degli uomini e delle cose*), CEDAM, Padova, 1966, p. 409.

realización se puede hacer depender del previo pago de la correspondiente tasa, o los efectos de tal actividad administrativa pueden estar condicionados por la efectiva realización del pago de la tasa. Así, en principio, se podría conseguir recaudar las mencionadas tasas sin deber realizar ninguna actividad fuera de la sede diplomática o consular.

No existe, pues, especial dificultad para poder aceptar la posibilidad de aplicación y recaudación por las representaciones diplomáticas y consulares de tasas por sus servicios y actividades administrativas. Esto constituiría un ejemplo de ejercicio autorizado de actividades tributarias en territorio extranjero, dado que, hoy día, las sedes diplomáticas no pueden ser consideradas en realidad territorio de su Estado. La posible consideración de éstas como territorio extranjero sería solamente una ficción parcial[5], basada sobre su especial régimen de inmunidades, y que, de todas formas, siempre tendría, de algún modo, menor vigencia con respecto a los consulados.

La Convención de Viena sobre relaciones diplomáticas, de 18 de abril de 1961, dispone en su artículo 28 que los derechos y tarifas que perciba una misión diplomática por actos oficiales están exentos de todo impuesto y gravamen, lo que presupone que en la Convención se acepta la posibilidad para las misiones diplomáticas de realizar una actividad de naturaleza tributaria. Más explícita se presenta en este punto la Convención de Viena sobre relaciones consulares, de 24 de abril de 1963, cuyo artículo 39 dispone expresamente en su apartado 1 que las oficinas consulares podrán percibir en el territorio del Estado

---

[5]   La llamada «extraterritorialidad» de las embajadas es solamente una ficción, no pudiendo entenderse que el lugar que ocupan sea verdaderamente territorio extranjero. En relación a las embajadas extranjeras existen solamente unas limitaciones del poder del Estado en el que se ubican. Estas limitaciones dan la idea de una situación similar a la que se produciría en comparación con un territorio extranjero, y de ello deriva la expresión de «extraterritorialidad». Y no es la existencia de una porción de territorio dentro de otro lo que hace nacer las limitaciones del poder de este último, sino que son las limitaciones a tal poder las que dan lugar a una situación que hace pensar en una ficción de «extraterritorialidad».

en el que se encuentran los derechos y tarifas que establezcan las leyes y reglamentos del Estado a que pertenece la oficina consular por las actuaciones consulares. En el apartado segundo de este mismo artículo se prevé también que estos derechos y tarifas y los recibos correspondientes estarán exentos de todo impuesto y gravamen en el Estado en el que se encuentra la oficina consular.

La mencionada imposibilidad de actuación tributaria de los Estados sobre territorio ajeno, con la consiguiente imposibilidad para un Estado de aplicar por sí solo sus normas tributarias en territorio extranjero y así hacer allí efectivas sus pretensiones tributarias, ha hecho necesarios mecanismos internacionales de cooperación entre Estados, especialmente en materia de intercambio de información y comprobación y en materia de recaudación.

Debemos preguntarnos si cuando, en base a un convenio u otro texto normativo de carácter internacional, un Estado recauda en su territorio un crédito tributario de otro Estado se produce una aplicación del Derecho Tributario extranjero. Según BÜHLER, en estos casos las autoridades fiscales aplican Derecho extranjero[6]. Por el contrario, señala SACCHETTO que el Estado que proceda a ejecutar una pretensión tributaria extranjera en base a un tratado internacional, no deberá para ello aplicar el Derecho Tributario extranjero, sino sólo activar un procedimiento administrativo según las normas de procedimiento previstas para la realización de actos análogos nacionales, para la consecución de fines propios de otro Ordenamiento jurídico[7]. En otra de sus obras, señala también SACCHETTO, en relación a los casos de cooperación internacional en materia de recaudación, que el crédito tributario del Estado extranjero es valorado por el Estado al que se solicita la cooperación como un mero hecho que tiene ciertas características de extranjería y que podrá tener una cierta influencia jurídica en el Ordenamiento de

---

[6]   Cfr. BÜHLER, O., *ob. cit.*, p. 100.
[7]   Cfr. SACCHETTO, C., *Tutela all'estero dei crediti tributari dello Stato*, CEDAM, Padova, 1978, p. 150.

este último Estado sólo en la medida en que existan en el mismo mecanismos específicos que se la atribuyan[8].

En aquellos casos en los que un Estado procede a recaudar el crédito tributario de otro Estado, no se produce propiamente una aplicación de Derecho Tributario extranjero. Cuando las autoridades tributarias de un Estado proceden a la recaudación de un crédito tributario extranjero, no realizan una actividad de declaración del Derecho extranjero, sino que solamente analizan si la petición de cooperación formulada por el Estado extranjero reúne los requisitos previstos en el correspondiente tratado o texto normativo internacional, que serán requisitos de forma y de competencia. El crédito tributario extranjero tiene en estos casos para el Estado que coopera el carácter de mero hecho jurídico, que adquiere relevancia jurídica porque existe una norma -la contenida en el correspondiente tratado internacional y que se convierte en Derecho interno[9]- que le confiere efectos jurídicos en el Ordenamiento. Debemos tener presente que las autoridades fiscales de este Estado no realizan la liquidación del crédito tributario extranjero.

Esta actuación del operador jurídico tributario es diferente, pues, de la que realizan los órganos judiciales cuando aplican las normas de Derecho Internacional Privado. Las normas de conflicto bilaterales de esta rama del Derecho hacen que se deban aplicar normas jurídicas extranjeras. El caso de la recaudación de créditos tributarios extranjeros es, como hemos visto, del todo distinta. De todas formas, con tal recaudación, el Estado titular del crédito tributario ve cómo éste es hecho efectivo en territorio extranjero. Pero esto no implica que se pueda decir que ha sido verdaderamente aplicado Derecho Tributario extranjero.

Aunque un Estado no puede ejercitar su poder de imperio en el territorio de otro Estado sin el consentimiento de éste, cosa distinta es la posibilidad de una organización internacional de ejercitar su poder en el territorio de los Estados miembros, en base a la atribución de

---

[8] Cfr. SACCHETTO, C., «Territorialità (diritto tributario)», *cit.*, p. 323.
[9] Cfr. el artículo 96 de nuestra Constitución.

competencias hecha por éstos a la organización. Y esto sucede en el caso de la Unión Europea. Así, en relación al Poder Tributario de ésta, existen unos poderes de investigación de la Comisión a través de sus propios agentes con respecto a determinados recursos propios de la Unión Europea.

De otro lado, existen mecanismos de asistencia entre Estados miembros de la Unión Europea en la comprobación y recaudación de los recursos propios comunitarios de naturaleza tributaria, cooperación impuesta por aquélla. En esta materia, los Estados aplican Derecho Comunitario. Así, cuando en base a los apuntados mecanismos de cooperación un Estado miembro procede a hacer efectiva la resolución de otro Estado miembro sobre recursos propios comunitarios tributarios, recaudando el crédito comprobado y liquidado por este otro Estado, no realiza verdaderamente una aplicación de las normas comunitarias que establecen tales tributos. Tal aplicación es realizada verdaderamente por las autoridades tributarias del Estado miembro que liquida el crédito tributario. Aquí no nos encontramos ante una armonización de tributos estatales, sino ante una regulación por la Unión Europea de sus propios tributos.

Recordemos que se da una recaudación de los recursos propios comunitarios de naturaleza tributaria, como son los derechos de aduana, por los Estados miembros, que ponen lo recaudado a disposición de la Unión Europea, reteniendo los Estados un tanto por ciento de lo recaudado como gastos de recaudación. Junto a ello se daría la cooperación entre los Estados miembros para efectuar la recaudación de tales tributos, de los que es titular la Unión Europea.

Por otra parte, existen disposiciones comunitarias que imponen a los Estados el deber de cooperar entre sí en la comprobación y recaudación de tributos, aunque éstos no representen recursos propios de la Unión Europea. Pero en la asistencia en la recaudación de créditos tributarios de otros Estados miembros de la Unión Europea, tampoco se puede hablar de una auténtica aplicación de normas tributarias de otro Estado. Basta con tener aquí presentes las consideraciones hechas *supra* sobre la cooperación entre Estados en materia de recaudación en base a un convenio internacional. Por todo ello, pues, ni en los casos de cooperación entre Estados miembros en la recaudación de los recursos propios comunitarios de naturaleza tributaria, ni en los casos de asistencia en la recaudación de los tributos de los propios Estados se puede hablar propiamente de la aplicación de Derecho Tributario extranjero.

Pues bien, dejando a un lado lo anterior, debemos volver sobre la cuestión de que los límites analizados en materia de territorialidad del tributo han hecho que los Estados hayan debido establecer entre ellos mecanismos de cooperación en este campo. Estas formas de cooperación no representan propiamente excepciones a tales límites a la eficacia territorial del tributo, sino mecanismos para superar estos límites, porque aquí, en estas acciones de cooperación, aunque se realicen tales actividades para favorecer la pretensión tributaria de un Estado extranjero, el Poder Tributario que se ejercita es el del Estado en el que se efectúan las actuaciones, porque son los órganos de este Estado los que ejercitan sus potestades y no órganos del Estado extranjero. Así se ayudará a conseguir que la pretensión tributaria del Estado extranjero se haga efectiva y que se cumpla lo dispuesto por las leyes tributarias emanadas en base al Poder Tributario de este Estado extranjero. Pero aquí un Estado, en base a su propio Poder Tributario, encarga a sus órganos el ejercicio de sus propias potestades en el desarrollo de las actuaciones para la cooperación, pero esto no significa que un Estado ejercite su Poder Tributario en el extranjero. En suma, un Estado actúa sobre su propio territorio para ayudar a otro, o sea, que no actúa el Estado extranjero, sino el Estado del territorio donde se desarrollan los actos de cooperación.

Cuando existen mecanismos de cooperación internacional en materia de eficacia territorial del tributo, esto no implica que el ejercicio del Poder Tributario de un Estado pueda superar los límites del territorio de este Estado e introducirse en el territorio de otro Estado, sino que solamente existe un mecanismo de cooperación internacional para superar los problemas que derivan del límite general en materia de territorialidad en sentido formal del tributo. Así pues, cuando se ejecutan o ponen en práctica los mecanismos de cooperación en materia de territorialidad en sentido formal, el Poder Tributario estatal que se ejercita es el del Estado cuyos órganos actúan, o sea, el del Estado al que se pide la cooperación y no el del Estado que la pide, Estado, este último, que es el titular de la pretensión tributaria.

Todo esto podría encontrar una excepción en los hipotéticos casos en que se permita operar en territorio nacional a un agente público tributario de un Estado extranjero, aunque solamente sea para hacer notificaciones con efectos públicos o cualquier inspección[10]. Pero, de todas formas, también en estos casos debería existir una intervención del Estado en cuyo territorio se realizan tales actos, en cuanto este Estado debe dar su consentimiento a tales actuaciones, porque si se realizan sin tal consentimiento, en base a lo que hemos señalado en este apartado, existiría una violación de la soberanía del Estado del territorio.

---

[10] Lo normal es que actúen directamente los órganos del Estado titular del territorio, en favor de los intereses del Estado extranjero que solicita la cooperación.

X

DISCUSIÓN SOBRE LA EXISTENCIA O NO DE UN PRINCIPIO DE DERECHO INTERNACIONAL GENERAL RELATIVO A LA COOPERACIÓN INTERNACIONAL EN LA APLICACIÓN DE LOS TRIBUTOS

Habla MARESCA de la inexistencia de un principio de no colaboración en la actuación de Ordenamientos extranjeros impuesto por el Derecho Internacional. Destaca este autor que uno de los argumentos que tradicionalmente se han invocado para negar relevancia al Derecho Público extranjero y para «reforzar» la exclusividad de las valoraciones publicísticas del foro se funda en el «principio de no colaboración», por muchos autores referido particularmente al tema de la fiscalidad, pero aplicable, según ellos, a cualquier situación de carácter publicístico; tanto que, no se han limitado a sacar la conclusión de que un Estado no estaría obligado, sino que, incluso, no podría dar efecto o ejecución a actos y/o peticiones provenientes de otra jurisdicción que opere en virtud de sus poderes estatales soberanos. Señala MARESCA que esta teoría no puede ser acogida, ante todo, porque es sabido que peticiones de colaboración constituyen la praxis del Derecho Internacional, sea en el caso en que las mismas se dirigen a garantizar formas de asistencia judicial, sea cuando se trate de recaudar tributos en el extranjero e incluso cuando el objetivo sea el de penalizar a los responsables de delitos para los que es competente el Estado peticionario[1].

---

[1] Cfr. MARESCA, M., *Conformità dei valori e rilevanza del Diritto pubblico straniero*, Giuffrè, Milano, 1990, p. 144.

Añade MARESCA a sus razonamientos en este tema que justamente los contenidos de los acuerdos de colaboración y asistencia en materia civil, penal y tributaria claramente demuestran cómo los Estados contratantes consienten cada vez mayores espacios a la aplicación del Derecho Público -incluso tributario y penal- extranjero. Pero, además, un examen de tales acuerdos convence de que los principios sobre los que se basa el nacimiento del deber de colaboración en el foro en relación al Derecho Público extranjero, son los mismos que se evidencian en la práctica internacional relativa a la atribución de efectos en el foro a dicho Derecho Público extranjero. Entre los mismos merece ser recordado en particular el principio de conformidad de los valores tutelados, en virtud del cual la colaboración del Estado asistente es debida sólo cuando el Derecho Público extranjero que se pone de relieve tutela intereses compartidos también en el foro al mismo nivel o por la generalidad de Estados. A continuación, este autor señala que, en segundo lugar, es necesario subrayar que la ejecución en el foro de derechos públicos extranjeros, o la aplicación en el foro del Derecho Público de la economía extranjero, depende del Estado del foro y del modo de ser de su Ordenamiento. Indica que, en esencia, si es verdad que el Derecho Público económico extranjero es idóneo para integrar el Derecho del foro en virtud del reconocimiento al mismo de efectos extraterritoriales, no cabe duda de que ello depende únicamente del Derecho interno, y que sería del todo ausente al respecto cualquier valoración del Derecho Internacional espontáneo, en el sentido de que el Derecho Internacional se desinteresa de lo que prescribe el Ordenamiento de cada Estado nacional en relación a la aplicación en el foro del Derecho extranjero[2].

El planteamiento de este autor, que hace referencia al Derecho Público en general -aunque destaca el fenómeno tributario-, parte a nuestro entender de consideraciones correctas. Pero, como ya hemos señalado, en los mencionados casos de cooperación en materia tributaria, no se puede decir, a nuestro entender, que exista una verdadera y propia actividad de

---

[2]   Cfr. MARESCA, M., *ob. cit.*, pp. 144 y 145.

aplicación del Derecho Público extranjero, aunque se realicen actos en territorio extranjero tendentes a hacer efectiva la correspondiente pretensión tributaria. Así, para nosotros no existe un principio o norma de Derecho Internacional General que prohíba que un Estado coopere con otro en la aplicación de los tributos de este último, y que realice para ello actos en su territorio. Esto se demuestra con los ejemplos existentes de cooperación entre Estados en este ámbito. Tales ejemplos demuestran que los Estados no se sienten obligados por tal hipotética norma de Derecho Internacional General, norma que no existiría. Además, sería contrario al estado actual de evolución del Derecho Internacional y de la Sociedad Internacional considerar cerradas, por el propio Derecho Internacional, vías a la cooperación internacional entre Estados.

Pero, de otro lado, debemos preguntarnos si existe una norma de Derecho Internacional General que obligue a los Estados a cooperar entre ellos en la aplicación de los tributos extranjeros. Hablando también aquí en sede general y no específicamente tributaria, señala al respecto MARESCA que ningún Estado podrá ser obligado -si no es en virtud de acuerdos internacionales- a colaborar con soberanías extranjeras a través de la aplicación en el foro de las órdenes impartidas por tales soberanías. Y es justo por este motivo que no puede reconstruirse, sobre la base del Derecho Internacional, un principio positivo de colaboración[3].

Hablando ya en sede específicamente tributaria, MICHELI destaca que el acto de imposición, como manifestación de la soberanía del Estado que lo dicta y que pide a un Estado extranjero cooperación en su recaudación, es reconocido por el Estado en el que debe ser actuada la tutela —que este autor califica de jurisdiccional[4]—, en virtud de un

---

[3]   Cfr. MARESCA, M., *ob. cit.*, p. 145.

[4]   Frente a lo que hay que señalar que, en principio, se tratará de cooperación administrativa, pero ese término utilizado por el referido autor se encontraría en consonancia con el actual concepto utilizado en el ámbito tributario de jurisdicciones (no cooperativas) para hacer referencia a la problemática de los tradicionalmente denominados paraísos fiscales.

principio por el cual en la comunidad de los Estados el reconocimiento de la soberanía constituye el presupuesto de la misma comunidad. Señala este autor que el reconocimiento de la soberanía de los Estados que forman parte de la comunidad, determina la necesidad, para todos los otros Estados pertenecientes a la comunidad misma, de respetar el ejercicio de la actividad de imperio de todo otro Estado, sin con esto recibir la eficacia imperativa del concreto acto administrativo extranjero. Presenta el acto de imposición extranjero como un acto que viene en consideración como productivo de una obligación a cargo del particular, la obligación de pagar una suma de dinero, obligación que, como cualquier otra, siempre que no esté en contradicción con los principios del orden público, es susceptible de tutela jurisdiccional, dentro de los límites en que cada concreto Ordenamiento admite esta tutela. Destaca que por tanto el juez no podrá reconocer esta tutela a una obligación tributaria en favor de un Estado extranjero, cuando derive de un acto de imposición en contradicción con los principios fundamentales del Estado al que el juez pertenece, y así, por ejemplo, un acto de imposición que representase en realidad una medida punitiva y discriminatoria en relación a algunos sujetos se encontraría en contradicción con las normas constitucionales[5].

Después, señala MICHELI que como el deber de pagar el tributo se vincula al principio constitucional de solidaridad entre los sometidos a la soberanía del Estado, en la Comunidad Internacional constituye una exigencia fundamental que cada Estado reconozca las necesidades vitales de los otros Estados, destacando que qué mejor medio para expresar la propia soberanía que el reconocer la libertad y soberanía de los otros Estados. Termina MICHELI indicando que de este planteamiento deriva una regla de cooperación también en materia tributaria, que se concreta en el ayudarse unos Estados a otros para poder realizar plenamente el Poder impositivo, cuyo ejercicio constituye la vía principal a través de

---

    [5]   Cfr. MICHELI, G.A. , «Problemi attuali di Diritto tributario nei rapporti internazionali», en *Diritto e Pratica Tributaria*, Parte I, 1965, p. 220.

la cual el Estado moderno puede conseguir los medios para continuar existiendo, desarrollando sus propias actividades institucionales[6].

Pero, de otro lado, al interrogante de si la concesión de cooperación a autoridades extranjeras en la comprobación de créditos tributarios pueda vincularse a deberes de Derecho Internacional General, STEVE responde que no puede sostenerse la existencia de deberes de Derecho Internacional General en este punto, dado que para poder hacer tal afirmación sería necesario que los Estados que rechazasen cooperar fuesen considerados como violadores de un deber internacional, lo que se contradice plenamente con las condiciones actuales, en las cuales la cooperación aparece todavía como una concesión meramente discrecional de los concretos Estados, debida a razones de cortesía y de interés práctico, y que presupondría realizadas muchas condiciones, dirigidas a eliminar prejuicios políticos y económicos para el Estado concedente. Y así este autor concluye que las normas que establecen la cooperación en la comprobación y la actividad desarrollada a este fin son internacionalmente relevantes sólo cuando sean establecidas en ejecución de un tratado internacional e irrelevantes en cualquier otro caso[7].

Por otra parte, PAONE destaca que la colaboración con otro Estado para la realización de los actos necesarios para la recaudación de los créditos tributarios de éste no es algo a lo que obligue ninguna norma consuetudinaria internacional. Destaca que en materia tributaria existen solamente manifestaciones netamente opuestas a la presencia de una norma de tal especie, pudiendo encontrarse referencias implícitas en este sentido de los mismos Estados que, al crear normas pacticias sobre este punto, reconocen la inexistencia de tal norma general[8].

[6]   Cfr. MICHELI, G.A., «Problemi attuali di Diritto tributario nei rapporti internazionali», *cit.*, p. 229.
[7]   Cfr. STEVE, S., «Sulla tutela internazionale della pretesa tributaria», en la *Rivista di Diritto Finanziario e Scienza delle Finanze*, Parte I, 1940, p. 263.
[8]   Cfr. PAONE, P., «Osservazioni sulla possibilità di uno Stato di esigere crediti tributari all'estero», en *Rassegna Mensile dell'Avvocatura dello Stato*, núm. 4, 1953, p. 78.

A nuestro entender, no existe un principio de Derecho Internacional General o una costumbre internacional que obliguen a los Estados a cooperar en la aplicación y recaudación de los tributos extranjeros. Si existiese tal norma no serían necesarios los convenios internacionales y otros textos internacionales -piénsese en los textos normativos de Derecho Comunitario derivado- que establecen mecanismos de cooperación en esta materia. Pero también se podría pensar que tales convenios internacionales naciesen para dar seguridad jurídica en la materia, codificando una costumbre internacional que ya existiese al respecto.

En la comparación de estos dos argumentos distintos y vista la fuerte caracterización territorial del Derecho Tributario, no se puede afirmar que los Estados se sientan obligados por tal hipotética costumbre internacional. Y todavía más, un Estado no podría aceptar siempre los actos tributarios de otro Estado, sin cuestionarse ciertos aspectos relativos a los mismos. Así, un Estado debería tener libertad para juzgar desde sus principios constitucionales y perspectivas de política socio-económica vigentes en el mismo en el momento en que se debiese exigir el crédito tributario extranjero, dado que corresponde a este Estado determinar los límites en materia de ejecución, sobre todo cuando el montante resultante de ésta debería entregarse a un Estado extranjero.

Por todo esto, somos de la opinión de que los Estados deben ser considerados libres —y por tanto no vinculados por un deber de Derecho Internacional General— para desarrollar o no tal cooperación, excepto cuando exista una norma de Derecho Internacional Convencional o de Derecho de la Unión Europea que imponga tal deber. De todas formas, debemos reconocer que tal cooperación es muy conveniente, deseable y conforme con el espíritu de cooperación que debe darse en la Sociedad Internacional. Obviamente, el hecho de que los Estados no estén obligados a cooperar en esta materia no quita que puedan hacerlo.

La misma persistencia de los paraísos fiscales como jurisdicciones no cooperativas, demuestra la inexistencia de un principio general o costumbre de Derecho Internacional que determinase tal deber.

XI

EL PROTAGONISMO DEL CONCEPTO DE DOBLE IMPOSICIÓN ANTE LA SOBERANÍA IMPOSITIVA INTERNACIONAL

La no renuncia por los Estados a los postulados de la soberanía impositiva internacional, determina, en el plano de la territorialidad en sentido material del tributo, la persistencia del fenómeno de la doble imposición internacional, que a su vez determina la necesidad de implementación de medidas legislativas internas y de la firma de acuerdos internacionales, para mitigar los negativos efectos económicos de tal fenómeno para el tráfico internacional de la riqueza.

Tradicionalmente se distingue entre una doble imposición interna y una doble imposición internacional, habiendo generado esta última una abundante literatura[1]. La doble o plurimposición interna se daría

---

[1] Dentro de tal literatura, pueden verse, entre otros, LANG, M., *Introducción al Derecho de los convenios para evitar la doble imposición,* traducción al español de D. QUIÑONES, IBFD/Temis, Bogotá, 2014, y del mismo autor «Double Taxation Conventions in the Case Law of the CJEU», en *Intertax*, Vol. 46, núm. 3, 2018, pp. 181 y ss.; FISZER, J., «International double taxation relief», en *European Taxation*, núm. 3, 1995, pp. 78 y ss.; KAHLENBERG, C., «Prevention of double non-taxation: an analysis of cross-border financing from a German perspective», en *Intertax*, Vol. 43, núm. 3, 2015, pp. 218 y ss.; MIRAULO, A., *Doppia imposizione internazionale*, Giuffrè, Milano, 1990; VITALE, M.: «Doppia imposizione (dir. intern.)», en la *Enciclopedia del Diritto*, XIII, 1964, pp. 1007 y ss.; FANTOZZI, A. Y VOGEL, K., «Doppia imposizione internazionale», Estratto del *Digesto*, IV edizione, UTET, Torino, 1990; MAYR, S., «La doppia residenza fiscale nelle convenzioni contro le doppie imposizioni», en *Corriere Tributario*, núm. 13, 1990, pp. 905 y ss.;

en aquellos supuestos ocasionados por la incidencia del Poder Tributario estatal o por la de los Poderes Tributarios de entes integrados
en el territorio del Estado, pero menores a éste, como, por ejemplo,
Comunidades Autónomas o municipios. Serán los impuestos de entes
integrados dentro de un único territorio estatal los que pueden producir
una doble imposición interna. En los casos de los Estados federales los
problemas ocasionados en esta materia por los tributos de los Estados
que integran la federación de Estados entre sí o por los de uno de éstos
en su confluencia con impuestos de la federación serán problemas de
doble imposición interna[2]. Piénsese en que, en los supuestos de Estados

---

AA.VV., *Estudios sobre el convenio entre España y Estados Unidos para evitar la doble
imposición*, Editorial Gaceta Fiscal, Madrid, 1991; ABRIL ABADÍN, E., «Métodos para evitar
la doble imposición internacional», en *XX Semana de Estudios de Derecho Financiero
(Relaciones Fiscales Internacionales)*, Editorial de Derecho Financiero, Madrid, 1973,
pp. 131 y ss.; ARCO RUETE, L. DEL, *Doble imposición internacional y Derecho tributario
español*, Escuela de Inspección Financiera, Ministerio de Hacienda, Madrid, 1977; BORRÁS
RODRÍGUEZ, A., *La doble imposición: Problemas jurídico-internacionales*, Secretariado de
Publicaciones, intercambio científico y extensión universitaria, Universidad de Barcelona,
Barcelona, 1971, citada *supra*, y, con el mismo título, *La doble imposición: Problemas
jurídico-internacionales*, Instituto de Estudios Fiscales, Madrid, 1974; CHECA GONZÁLEZ,
C., «Medidas y métodos para evitar la doble imposición internacional», en *Impuestos*,
núm. 12, 1988, pp. 53 y ss.; SAINZ DE BUJANDA, F., «La interpretación de los Tratados
internacionales para evitar la doble imposición», *cit.*, pp. 92 y ss.; SÁNCHEZ JIMÉNEZ,
M.A., *La doble imposición internacional en materia de sucesiones y donaciones*, Comares, Granada, 1991; LÓPEZ IBÁÑEZ, L., «Localización geográfica y criterios de sujeción al
Impuesto. Doble imposición internacional», en *Hacienda Pública Española*, núm. 24-25,
1973, pp. 133 y ss; TOVILLAS MORÁN, J.M., *Estudio del Modelo de Convenio sobre renta y
patrimonio de la OCDE de 1992*, Marcial Pons, Madrid, 1996; ZORNOZA PÉREZ, J. Y BÁEZ
MORENO, A., «The 2003 revisions to the commentary to the OECD Model on tax treatries
and GAARs: a mistaken starting point», en *Cuadernos de Derecho Transnacional*, Vol.
2, 1, 2010, pp. 288 y ss.; BANTECAS, I., «The mutual agreement procedure and arbitration
of double taxation disputes», en *ACDI – Anuario Colombiano de Derecho Internacional*,
Vol. 1, 2008, pp. 182 y ss.

[2]   Distingue XAVIER entre «doble tributación internacional» y «doble tributación in-
terterritorial», refiriendo la primera a la colisión de sistemas fiscales de Estados soberanos

federales, cada uno de los Estados que componen la federación no se rige en sus relaciones con ésta y con los demás Estados integrantes de la misma revestido de soberanía internacional. Es la federación de Estados la que aparece dotada de soberanía internacional frente a Estados extranjeros, o sea, ante Estados no integrados en la federación.

La doble imposición internacional se daría en aquellos casos en que confluye el Poder Tributario de un Estado o de alguno de los entes integrados en su estructura política con el Poder Tributario de otro Estado o de alguno de sus mencionados entes menores o con el Poder Tributario de una organización internacional. Además de los casos tradicionalmente estudiados por la doctrina de doble imposición internacional ocasionada por la incidencia sobre una misma manifestación de riqueza de los impuestos de dos Estados distintos, se deberían tener en cuenta así también los posibles problemas ocasionados por la confluencia del Poder Tributario de las organizaciones internacionales con el Poder Tributario de los Estados.

Las organizaciones internacionales suelen ser titulares de un impuesto sobre los sueldos, salarios y emolumentos de sus funcionarios y agentes. Para evitar la doble imposición efectiva entre estos impuestos y los impuestos que en los Estados miembros de la correspondiente organización internacional gravarían la renta de tales funcionarios y agentes, a través del correspondiente convenio internacional normalmente se establece la exención en los impuestos de los Estados miembros de los rendimientos satisfechos a sus funcionarios y agentes por la organización y gravados por ésta.

Pero la Unión Europea nos muestra cómo el Poder Tributario de las organizaciones internacionales no tiene por qué reducirse al mencionado impuesto sobre los salarios de sus funcionarios y agentes, al ser titular

---

distintos y la segunda a la colisión de Ordenamientos tributarios que correspondan a «espacios fiscales autónomos dentro de un mismo Estado, como los Estados federados, los cantones, las regiones o los territorios» (*Direito Tributário Internacional do Brasil*, Editora Resenha Tributária, Sao Paulo, 1977, pp. 59 y 60).

también de otros recursos propios de naturaleza tributaria -como lo fue inicialmente el ya desaparecido gravamen de la antigua Comunidad Europea del Carbón y del Acero sobre la producción de carbón y acero, o lo siguen siendo los derechos de aduana[3]-, que podrían en teoría ocasionar —y en la práctica ocasionan— casos de doble imposición con tributos de los Estados miembros, supuestos que habría que calificar de doble imposición internacional. No serían, sin embargo, supuestos de doble imposición internacional los ocasionados por la confluencia, dentro de un mismo Estado, de impuestos armonizados por la Unión Europea, pero de titularidad estatal, con otros impuestos también estatales, hayan sido o no objeto de armonización fiscal. De esta forma, por ejemplo, calificaríamos de doble imposición internacional la confluencia de los derechos de aduana con el Impuesto sobre el Valor Añadido y de doble imposición interna la confluencia de este último con los impuestos especiales.

Existen supuestos concretos, casos económicos individualizables, que pueden hacer surgir al mismo tiempo problemas de doble imposición interna y de doble imposición internacional. Se trataría de realidades económicas únicas a las que se vincularían estructuras de doble imposición interna e internacional, pero pudiéndose distinguir en la teoría y en la práctica los problemas relativos a uno y otro tipo de doble imposición.

Pensemos en un supuesto de importación de productos sometidos a Impuestos Especiales de Fabricación. Tal importación está sometida al mismo tiempo al Impuesto sobre el Valor Añadido. Tanto los Impuestos Especiales de Fabricación -accisas- como el Impuesto sobre el Valor Añadido son impuestos de titularidad estatal, aunque armonizados conforme a directivas de la Unión Europea, todo ello también sin perjuicio de que el segundo sirviera de base para la creación del recurso propio comunitario en base al Impuesto sobre el Valor Añadido.

---

[3]   Véase GARCÍA GUERRERO, D., «Los desafíos de la Unión Europea en materia aduanera en orden a un mayor control del fraude a nivel global», en *Los nuevos retos de la fiscalidad de la Unión Europea*, UJA Editorial, Jaén, 2023, pp. 219 y ss.

Pues bien, entre los Impuestos Especiales de Fabricación y el Impuesto sobre el Valor Añadido se daría una doble imposición interna con motivo de la importación de tales productos.

A su vez, con motivo de esa misma importación, se podrían devengar también los derechos de aduana, de titularidad de la Unión Europea.

Entre los derechos de aduana y el Impuesto sobre el Valor Añadido se daría una doble imposición internacional, al colisionar un impuesto de titularidad de una organización internacional -supranacional- con un impuesto de titularidad estatal, aunque esté armonizado conforme a directivas de la Unión Europea.

Por esas mismas razones, también sería calificable como supuesto de doble imposición internacional la concurrencia, con motivo de la referida importación, del correspondiente derecho de aduana con el correspondiente Impuesto Especial de Fabricación.

Pero, frente a las medidas adoptadas o acordadas por los Estados para eliminar o mitigar los efectos económicos nocivos de la doble imposición en materia de impuestos directos, esencialmente en materia de impuestos sobre la renta, por el contrario la colisión de impuestos indirectos en el sentido expuesto es provocada expresamente por el Derecho Tributario de la Unión Europea, sin establecer ninguna medida para evitarla[4], sino todo lo contrario, determinándose situaciones de elevadísima tributación, difícilmente explicables ni siquiera bajo la perspectiva de la extrafiscalidad.

Todo esto nos deja ver que el fenómeno de la doble imposición internacional es mucho más complejo que la simple colisión de las soberanías impositivas de dos Estados.

---

[4]   Cosa distinta son las medidas de armonización fiscal por la Unión Europea del lugar de realización del hecho imponible de un impuesto de tal forma que ese impuesto no se exija por un mismo hecho concreto por dos Estados miembros a la vez.

XII

SÍNTESIS DE LA DIVERSIDAD DE CUESTIONES EN LAS QUE HA DESEMBOCADO EL DESARROLLO DE LA SOBERANÍA IMPOSITIVA INTERNACIONAL

Ante la evolución del fenómeno tributario internacional, fruto del desarrollo del comercio y tráfico transnacionales, es necesario replantearse la virtualidad actual de la idea de soberanía en materia tributaria. Se ha discutido mucho sobre la validez del concepto de soberanía con respecto al Poder Tributario en el plano interno, habiéndose relativizado este concepto. Está claro que la soberanía no se puede presentar hoy como el fundamento directo del Poder Tributario. El pueblo, titular de la soberanía popular, aprueba la Constitución y, así, en ésta establece cuáles son las condiciones y límites dentro de los cuales los poderes del Estado pueden actuar en materia tributaria. Así pues, el fundamento jurídico del Poder Tributario reside en la Constitución. Pero, en el plano internacional, en la consideración del Estado como sujeto de Derecho Internacional, la soberanía se presenta como uno de sus elementos esenciales. Esto sirve para definir los poderes del Estado sobre el territorio y sobre los sujetos vinculados al mismo, excluyendo las intervenciones extranjeras que pudiesen afectar a la vida independiente del Estado y, así también, los actos que puedan tener carácter tributario.

Ante la soberanía como elemento del Estado en cuanto sujeto de Derecho Internacional ha cambiado, no siendo concebida ya como algo ilimitable e indivisible, sino pudiéndose distinguir en su interior una diversidad de competencias. Individualizadas éstas, el Estado puede decidir la atribución del ejercicio de algunas de ellas a una entidad supranacional. Esto explica el porqué de que los Estados hayan podido atribuir a la Unión Europea el ejercicio de competencias derivadas de sus Constituciones y, así, entre éstas, el ejercicio de competencias en materia tributaria. Esto rompe con las concepciones de la soberanía del Estado como algo indivisible.

En el Estado se pueden distinguir el poder de creación de las normas jurídicas y el poder de aplicación de las mismas. La aplicación de las normas jurídicas se presenta, sin lugar a dudas, como una manifestación del poder del Estado sobre su territorio. Un Estado podría adoptar una medida coactiva solamente sobre su propio territorio. Si un Estado aplicase una decisión expresión de poder en territorio extranjero, en principio, violaría el Derecho Internacional. La aplicación de decisiones expresión de poder sobre territorio extranjero se puede realizar solamente en el marco de la cooperación internacional entre Estados. El Estado en cuyo territorio se aplique una medida de poder, ha debido aplicarla él mismo o haber dado su consentimiento para su aplicación por órganos de otro Estado.

Acerca del interrogante de si el poder de crear normas jurídicas represente o no una manifestación del poder territorial, y teniendo en cuenta ciertos casos problemáticos que podrían hacer pensar en una respuesta negativa a tal pregunta, debemos tener presente que si un Estado decide a través de sus normas de conflicto que sus leyes se apliquen a sus ciudadanos por hechos acaecidos en el extranjero, lo está decidiendo a través de normas —las mencionadas normas de conflicto— a aplicar sobre su propio territorio, que tienen como presupuesto la existencia de un conflicto de Derecho presentado ante sus órganos. Y cuando en base a las normas de conflicto de un Estado se debe aplicar a los nacionales de otro Estado la ley de éste aunque por hechos no acaecidos en el territorio del mismo, el fundamento de esta aplicación normativa se encuentra en el poder del Estado en el que se aplica. No obstante, el ámbito de las normas de conflicto no abarca al Derecho Tributario, pero nos fijamos en las mismas, desde una perspectiva de contemplación general de la mecánica del Ordenamiento jurídico. Además, cuando un Estado toma como presupuesto de hecho de normas suyas que no sean de conflicto, sino normas materiales, hechos no acaecidos en su territorio relativos a sus nacionales, está, de todas formas, estableciendo en estas normas consecuencias jurídicas a aplicar sobre su propio territorio. Son normas en las que el presupuesto de hecho toma en consideración el elemento extranjero y que son creadas por el Estado pensando en su aplicación en su propio territorio por parte de sus órganos.

No se puede pensar en el poder de crear normas jurídicas sin considerar la existencia de un Ordenamiento jurídico; no se puede pensar en un Ordenamiento jurídico sin un Estado, teniendo en cuenta que las normas de los entes territoriales menores que se forman dentro del territorio estatal se integran en el Ordenamiento del Estado y que los Ordenamientos de las organizaciones supranacionales encuentran aplicación en los Estados porque éstos han dado su propio consentimiento a la adhesión a las mismas en tales términos; y un Estado no puede existir sin territorio, visto que éste es uno de sus elementos esenciales. Y no se puede pensar en un Ordenamiento jurídico sin pensar en la aplicación de sus normas, pensando solamente en la creación de éstas, porque sería un sistema inservible, en cuanto no podría ser eficaz. Así, no se puede tampoco desvincular el poder de creación normativa del Estado del poder de éste sobre su territorio.

Para la existencia de un tributo es necesario que éste sea creado por un ente que tenga el poder para ello. Pero después, para hacerlo efectivo son necesarios órganos de la Administración que tengan las potestades para gestionarlo y recaudarlo. Es este doble aspecto de la vida del tributo —su creación normativa y su aplicación— lo que nos sirve para delimitar el contenido del Poder Tributario.

Hoy se someten a tributación manifestaciones de riqueza no situadas en el territorio del Estado; estas manifestaciones corresponden a sujetos residentes en el territorio del Estado impositor, caso en el que ya encontramos una conexión del sujeto con el territorio basada en la misma residencia, o bien, y más raramente en nuestro entorno, a sus nacionales aunque no sean allí residentes; bien es cierto que en este último caso la conexión del sujeto con el territorio no es igual a la de un residente. El nacional tiene sin duda una relación personal con el Estado, pero tiene también una conexión potencial con su territorio, en cuanto tiene la posibilidad, en principio, de reintegrarse en el mismo cuando quiera; y tiene una relación potencial con los servicios públicos que en el territorio se prestan o que tienen en éste su base. Y tiene igualmente un interés en la existencia de su Estado y también, por tanto, en su territorio. Resulta, pues, lógico que se le pueda obligar a contribuir a la financiación de los servicios públicos conectados con el territorio de su Estado. Es cierto que, en este caso, de importancia marginal sin duda en los Ordenamientos tributarios contemporáneos, el nacional tiene una relación eminentemente personal con el Estado, pero no se puede considerar del todo extraño con respecto al territorio de su Estado. Así, este caso de escasa eficacia práctica, no nos puede hacer pensar que el poder de creación normativa tributaria no tenga ninguna conexión con el poder del Estado sobre el territorio. Esta conexión existe siempre, aunque en mayor o menor medida, y aquí debemos tener en cuenta las consideraciones hechas *supra*, hablando del Derecho en general. Piénsese en el hecho de que un Estado crea un tributo con la finalidad de hacerlo eficaz, y esta eficacia, en principio, se circunscribe a su territorio, teniendo así el poder de hacer efectivas las leyes tributarias un claro fundamento en el poder del Estado sobre el territorio.

Así pues, el poder normativo tributario del Estado tiene un vínculo con su territorio en base a una serie de razones: en primer lugar, porque los puntos de conexión con el Poder Tributario del Estado se presentan, en general, como puntos de conexión -objetivos o subjetivos- con el territorio de éste, teniendo normalmente carácter territorial y no puramente personal; en segundo lugar, porque los gastos públicos, a cuya financiación van destinados los tributos —que en base a un deber de solidaridad tributaria deben pagar los contribuyentes—, se realizan en relación con servicios públicos que se prestan fundamentalmente en territorio estatal, y con respecto a los cuales los nacionales, aunque residentes en el extranjero, tendrían al menos una relación potencial, como potencial y libre es, en principio, su relación con el territorio de su propio Estado; y, por último, porque la racionalidad del Ordenamiento jurídico-tributario exige que exista una coherencia entre el Poder de establecer tributos y el Poder de hacer efectiva la pretensión tributaria, teniendo este último como límite el territorio nacional.

Las normas tributarias nacen para que se haga efectivo su contenido. El Estado, por sí solo, puede hacer efectivo de manera coactiva el contenido de sus normas solamente sobre su propio territorio. Un poder de creación normativa sin un correlativo poder de aplicación coactiva de las normas se convertiría en un poder inútil. Así, el poder de creación normativa tributaria no se puede considerar desvinculado del territorio estatal.

Ante los planteamientos doctrinales sobre la utilización del concepto de territorialidad en Derecho Tributario, nosotros proponemos el uso de este concepto en materia tributaria en un doble sentido: de un lado, en sentido material y, del otro, en sentido formal. En el primer sentido citado la territorialidad se referiría a la delimitación de los puntos de conexión con el territorio del Estado impositor de las manifestaciones de riqueza sometidas a gravamen, esto es, del vínculo territorial que la norma tributaria prevé de la materia imponible. Bajo este sentido de la territorialidad, quedaría comprendida la problemática de la diversidad de los puntos de conexión con el territorio, sus límites jurídicos y las consideraciones metajurídicas que inciden en su elección normativa. Son éstas todas cuestiones que se refieren al ámbito de la creación normativa.

De otro lado, se puede hablar de la territorialidad en sentido formal para hacer referencia a los problemas que derivan del hecho de que sobre el territorio de un Estado rige solamente su ley y no la de otro Estado, si no es a través de un mecanismo que encuentre su fundamento en el consentimiento del Estado titular del territorio. Con todo ello, quedarían comprendidos en la misma los problemas que derivan de la limitación que conlleva que un Estado pueda hacer efectivos sus propios actos de imperio para la aplicación de sus leyes tributarias solamente sobre su propio territorio y no sobre el de otro Estado si no existe el consentimiento de este último. Son, todos éstos, problemas que podrían incluirse en la territorialidad en sentido formal, problemas que encuentran el común denominador de afectar a la eficacia de la ley en el territorio, mientras la llamada extensión de la ley tributaria se movería en sede de territorialidad en sentido material del tributo.

En la discusión acerca del hecho de si, dentro del fenómeno tributario, la característica de la territorialidad deba ser referida al tributo, a la ley tributaria o bien al Poder Tributario, debemos tener en cuenta, en la dialéctica tributo *versus* ley tributaria, que el tributo es un instituto jurídico, en cuanto creado por la ley, y que su vida es la vida de lo que dispone la ley tributaria. Por ello, no encontramos en general gran problema en hacer referencia a la territorialidad como atributo del tributo o de la ley tributaria.

Con respecto al Poder Tributario, debemos recordar el doble aspecto que en su análisis ha señalado la doctrina. De un lado, el plano del Poder legislativo en materia tributaria entraría plenamente en campo de territorialidad en sentido material, y al mismo se le aplicarían los posibles límites que puedan existir en sede de extensión de la ley tributaria en el espacio, y que así condicionarían los vínculos con el territorio presentes en la ley. Una vez realizada la creación normativa, en el planteamiento de los puntos de conexión existentes está claro que ante el Derecho positivo vigente, al cuestionarse lo que existe en una ley, no se deben olvidar los posibles límites al trabajo del legislador. Se podrá hablar de territorialidad para hacer referencia a un aspecto o a otro, según donde se fije nuestra mirada en ese momento, pero serán aspectos íntimamente vinculados, también en su consideración territorial. De otro lado, la evolución del concepto de Poder Tributario nos ha mostrado el aspecto del Poder para hacer efectivas las pretensiones tributarias del Estado; y en el desarrollo de este Poder por los órganos estatales, las limitaciones territoriales a las potestades de éstos encuentran su sede en el campo de la territorialidad en sentido formal. Todo ello nos muestra cómo se pueda hablar de territorialidad, con respecto al fenómeno tributario, para hacer referencia al tributo, a la ley tributaria y al Poder Tributario.

La solución al interrogante sobre si se deba admitir o no la residencia dentro del concepto de territorialidad encuentra, en primer lugar, la necesidad de determinar si se pueda hablar de territorialidad con respecto al sujeto pasivo o a cualquier otro elemento subjetivo. Desde una perspectiva amplia del concepto de territorialidad, no se presentaría ningún impedimento a tal admisión. Pero debemos recordar sobre todo que podríamos movernos no solamente en sede de sujeto pasivo, sino también en sede de elemento subjetivo del hecho imponible. Y si hoy la nacionalidad tuviese cierta relevancia como punto de conexión en Derecho Tributario en nuestro entorno, por contraposición a la misma, destacaría todavía más el aspecto territorial de la residencia. Pero aunque la residencia se puede considerar como una cualidad o condición de la persona, no existe la menor duda de que la residencia se define en relación al territorio. Por ello el concepto de residencia no puede ser separado del concepto de territorialidad en Derecho Tributario. Otra cosa es el hecho de que los criterios de conexión con el territorio que toma en consideración la ley tributaria son varios y distintos -y así, en primer lugar, se debe distinguir entre objetivos y subjetivos-, como varias y distintas se presentan las consecuencias jurídico-tributarias en cada caso.

De otro lado, la residencia se presenta en los sistemas tributarios contemporáneos como un punto de conexión que tiene una relevancia esencial en el gravamen sobre las rentas mundiales del sujeto pasivo, y sobre su patrimonio universal, en los sistemas donde existe un impuesto general sobre el patrimonio. Pero no solamente en materia de imposición directa tiene importancia la residencia, pudiendo tener también alguna incidencia en sede de impuestos indirectos.

La territorialidad en sentido material del tributo viene determinada por la conexión del hecho imponible y del sujeto pasivo con el territorio, conexión que además influye o puede influir en los elementos para la cuantificación de la deuda tributaria.

Además de la influencia que los factores territoriales pueden tener en materia de hecho imponible, de sujeto pasivo y sobre los elementos para la cuantificación de la deuda tributaria, tales factores pueden tener también influencia en la articulación jurídica del procedimiento de aplicación de los tributos.

Si los factores territoriales que rodean al tributo influyen en los elementos esenciales de éste, es lógico que también las características del tributo se vean afectadas por tales factores territoriales, dado que propiamente tales características derivan de cómo sean aquellos elementos.

Teóricamente, el Poder legislativo del Estado puede encontrar en relación a la extensión de la ley tributaria en el espacio una serie de límites, límites que podrían consistir en la obligatoriedad de adoptar el criterio de la territorialidad en la imposición de ciertas manifestaciones de riqueza o en el deber de seguir tal criterio en un cierto sentido o bien en una cierta medida, condicionando así la delimitación de los puntos de conexión de la norma tributaria. Entre tales límites, se deben distinguir los de Derecho Internacional General, los de Derecho Internacional Convencional, los de Derecho de la Unión Europea y los de Derecho Constitucional.

Existen en los convenios internacionales para evitar la doble imposición posibles pruebas expresas de la inexistencia de normas de Derecho Internacional General que delimiten con carácter general deberes en materia de territorialidad en sentido material del tributo. Cuando estos convenios hacen referencia expresa a las normas de Derecho Internacional General en materia de tributación de los diplomáticos, muestran así el reconocimiento de la existencia de normas de aquel tipo en relación a la tributación de estos sujetos, pero no con respecto a la globalidad del fenómeno tributario internacional. Así, al menos se da la prueba de la no aceptación por parte de los Estados de la existencia de una norma de Derecho Internacional General que prohíba la doble imposición internacional.

El dato de que en el artículo 31 de la Constitución española se diga simplemente «todos», sin más especificaciones, nos hace pensar que pueden ser titulares del deber previsto en este artículo tanto los nacionales como los extranjeros. Los nacionales están vinculados con el Estado por un vínculo de solidaridad política, pero también por un vínculo de solidaridad económica y de solidaridad social; los extranjeros, por el contrario, pueden estar vinculados al Estado solamente por el vínculo de solidaridad económica y social. Visto esto, se debe entender que el mencionado artículo 31 debe ser interpretado en el sentido de que en relación con la tributación de los extranjeros se debe dar un vínculo económico con el territorio español valorable en términos de capacidad contributiva. Sin embargo, aunque existe un deber de solidaridad política de los nacionales con el Estado, esto no quita que el legislador tributario pueda escoger la opción de prescindir del punto de conexión nacionalidad, en base a razones de equidad y efectividad de la norma.

Los Estados no pueden actuar sin autorización en territorio extranjero. Un Estado, por sí mismo, a través de sus propios funcionarios no puede hacer valer su Derecho fuera de sus fronteras, porque éstas delimitan el ámbito de su soberanía territorial. Esto constituye un principio de Derecho Internacional General. Cuando no se respeta esta norma se produce una violación de la soberanía de otro Estado y, así, un ilícito internacional.

En principio, los órganos de un Estado no pueden ejercitar sus potestades tributarias en el territorio de otro Estado. Así, tales órganos no pueden hacer efectivo el Poder Tributario de su Estado fuera de las fronteras territoriales de éste, lo que encontraría una excepción en los casos en que se dé el consentimiento del Estado a la actuación de órganos extranjeros sobre su propio territorio. Esta imposibilidad de actuación tributaria de los Estados en territorio ajeno, con la consiguiente imposibilidad para un Estado de aplicar por sí solo sus normas tributarias en territorio extranjero y así hacer allí efectivas sus pretensiones tributarias, ha hecho necesarios mecanismos internacionales de cooperación entre Estados, especialmente en materia de intercambio de información y en materia de recaudación.

Aunque un Estado no puede ejercitar su poder de imperio en el territorio de otro Estado sin el consentimiento de éste, debemos tener en cuenta que cosa distinta es la posibilidad de una organización internacional de ejercitar su poder en el territorio de los Estados miembros, en base a la atribución de competencias realizada por éstos a la organización. Y esto sucede en el caso de la Unión Europea.

Ya hemos tenido ocasión de exponer que aquellos casos en los que un Estado procede a recaudar el crédito tributario de otro Estado, no se produce propiamente una aplicación de Derecho Tributario extranjero. Cuando las autoridades tributarias de un Estado proceden a la recaudación de un crédito tributario extranjero, no realizan una actividad de declaración del Derecho extranjero, sino que solamente analizan si la petición de cooperación formulada por el Estado extranjero respeta los requisitos previstos en el correspondiente tratado o texto normativo internacional, que serán requisitos de forma y de competencia. El crédito tributario extranjero tiene en estos casos para el Estado que coopera el carácter de mero hecho jurídico, que adquiere relevancia jurídica porque existe una norma que le confiere efectos jurídicos en el Ordenamiento; se trata de la contenida en el correspondiente convenio internacional, y que, como hemos visto, se convierte en Derecho interno o la contenida en el correspondiente texto normativo de Derecho Comunitario derivado, teniendo el Derecho Comunitario o de la Unión Europea, en principio, efecto directo en los Ordenamientos nacionales. Debemos tener en cuenta que las autoridades fiscales de tal Estado no realizan la liquidación del crédito tributario extranjero. Tal y como hemos podido ver, la citada actuación del operador jurídico tributario es distinta, pues, de la que realizan los órganos judiciales cuando aplican las normas de Derecho Internacional Privado; las normas de conflicto bilaterales de esta rama del Derecho hacen que se apliquen normas jurídicas extranjeras. El caso de la recaudación de créditos tributarios extranjeros es, como hemos visto, completamente distinto. De todas formas, con tal recaudación, el Estado titular del crédito tributario ve como éste sea hecho efectivo en territorio extranjero. Pero esto no implica que se pueda decir que ha sido verdaderamente aplicado el Derecho Tributario extranjero.

Los límites analizados en materia de territorialidad en sentido formal del tributo han hecho que los Estados hayan debido establecer entre ellos mecanismos de cooperación en la aplicación de los tributos. Estas formas de cooperación no representan propiamente excepciones a tales límites de la territorialidad del tributo en sentido formal, sino mecanismos para superar estos límites, porque aquí, en estas acciones de cooperación, aunque se realicen tales actividades para favorecer la pretensión tributaria de un Estado extranjero, el Poder Tributario que se ejercita es el del Estado en que se actúa, porque son los órganos de este Estado los que ejercitan sus potestades y no, en principio, órganos del Estado extranjero. Así se ayudará a conseguir que la pretensión tributaria del Estado extranjero se haga efectiva y que se cumpla lo dispuesto por las leyes tributarias dictadas en base al Poder Tributario de ese Estado extranjero. Aquí un Estado, en base a su Poder Tributario, encarga a sus órganos el ejercicio de sus propias potestades en el desarrollo de las actuaciones para la cooperación, pero esto no significa que un Estado ejercite su Poder Tributario en territorio extranjero. En síntesis, un Estado actúa sobre su propio territorio para ayudar a otro, o sea, que no actúa el Estado extranjero, sino el Estado del territorio donde se desarrollan los actos de cooperación. Cuando existen mecanismos de cooperación internacional en materia de territorialidad en sentido formal, esto no implica que el ejercicio del Poder Tributario de un Estado pueda sobrepasar los límites del territorio del mismo y violar el territorio de otro Estado, sino que significa solamente que existe un mecanismo de cooperación internacional para superar los problemas que derivan del límite general en materia de territorialidad en sentido formal estudiado. Así pues, cuando se ejecutan o ponen en práctica los mecanismos de cooperación en materia de territorialidad en sentido formal, el Poder Tributario estatal que se actúa es el del Estado cuyos órganos actúan, o sea, el del Estado al que se pide la cooperación y no el del Estado que la pide, Estado, este último, que es titular de la pretensión tributaria. Todo esto puede encontrar una excepción en los casos en que se permite que opere en territorio nacional un funcionario público tributario de un Estado extranjero, aunque sea sólo para realizar notificaciones con efectos públicos o inspecciones, que de todos modos no es lo normal. Pero, de todas formas, también en estos casos debe existir una intervención del Estado en cuyo territorio se realizan tales actos, en cuanto este Estado debe haber dado su consentimiento a tales actuaciones o a quedar vinculado por las correspondientes normas en que se prevén.

Hemos señalado *supra* que no existe un principio o norma de Derecho Internacional General que prohíba que un Estado coopere con otro en la aplicación de los tributos de este otro, y que realice con este fin actos en su propio territorio. Veíamos cómo esto se demuestra con los ejemplos existentes de cooperación entre Estados en este ámbito. Destacábamos cómo tales ejemplos demuestran que los Estados no se sienten obligados por tal hipotética norma de Derecho Internacional General, norma que no existe. Además, sería contrario al estado actual de evolución del Derecho Internacional y de la Sociedad Internacional considerar cerradas, por el propio Derecho Internacional, vías a la cooperación internacional entre Estados.

Tal y como hemos tenido ocasión de exponer, entendemos que no existe tampoco un principio de Derecho Internacional General o una costumbre internacional que obliguen a los Estados a cooperar en la aplicación y recaudación de los tributos extranjeros. Señalábamos, que si existiese tal norma no serían necesarios los convenios internacionales y otros textos internacionales -piénsese en los textos normativos de Derecho Comunitario derivado- que establecen mecanismos de cooperación en esta materia. Pero, como decíamos, se podría también pensar que tales convenios internacionales nacen para dar seguridad jurídica en esta materia, codificando una costumbre internacional que ya existiese en la misma. Pero en la comparación de estos dos argumentos distintos y vista la fuerte caracterización territorial del Derecho Tributario que hemos encontrado en este trabajo, no se puede afirmar que los Estados se sientan obligados por tal hipotética costumbre internacional. Y todavía más, un Estado no podría aceptar siempre los actos tributarios de otro Estado sin cuestionarse ciertos aspectos relativos a los mismos. Destacábamos, pues, que, así, un Estado debería tener libertad para juzgar y decidir en base a sus propios principios constitucionales y en base a las perspectivas de política socio-económica vigentes en el mismo en el momento en que se debiera ejecutar el crédito tributario extranjero, dado que corresponde a tal Estado determinar los límites en materia de ejecución, sobre todo cuando el montante de ésta debiese ser entregado a un Estado extranjero. Tal como se apuntaba, somos, pues, de la opinión de que los Estados deben ser considerados libres -y por tanto no vinculados por un deber de Derecho Internacional General- para desarrollar o no tal cooperación, excepto en el caso en que exista una norma de Derecho Internacional Convencional o de Derecho Comunitario Europeo que imponga tal deber. De todas formas, debemos reconocer que tal cooperación es muy conveniente, deseable y conforme con el espíritu de cooperación que debe darse en la Sociedad

Internacional. Y el hecho de que los Estados no estén obligados a cooperar en esta materia no quita, obviamente, que puedan hacerlo y que sea conveniente que lo hagan. De ahí la necesidad de fortalecer y aumentar los mecanismos de cooperación internacional en materia tributaria. La lucha contra el fraude tributario internacional a través de los paraísos fiscales, hoy denominados jurisdicciones no cooperativas, en cierta medida no ha alcanzado las expectativas que habían generado los instrumentos puestos en marcha por la Unión Europea y la OCDE. Incluso, ante tal dinámica, tampoco parece que el Convenio multilateral de asistencia administrativa en materia fiscal pueda resolver considerablemente el problema, a pesar de las expectativas que también ha generado. Ahora bien, el que no se pueda mantener jurídicamente en puridad de conceptos que exista un principio de Derecho Internacional General que obligue a los Estados a cooperar en materia tributaria cuando no exista convenio internacional al efecto, no quiere decir que a nivel global o mundial pudiesen establecerse desde Naciones Unidas unas líneas de actuación que obligasen en tal sentido, pensando esencialmente en los Estados que se presenten como jurisdicciones no cooperativas, de tal forma que la actuación de los mismos pueda ser considerada contraria al sentir y parecer de dicha organización internacional global, con las consecuencias que ello puede conllevar.

Dada la vigencia del principio de legalidad en materia tributaria y la reserva de ley en esta materia, como plasmación de aquel principio, el Derecho Tributario está contenido principalmente en leyes. Así, hemos visto *supra* que, a la luz de ello, tradicionalmente se ha apuntado la escasa eficacia práctica de los Principios Generales del Derecho por sí mismos como fuente del Derecho Tributario, es decir, como principios que se puedan deducir de las distintas regulaciones, sin estar expresamente recogidos en la ley o consagrados en la Constitución, pues, en estos casos, se convierten en norma expresa escrita y su valor no se da ya en cuanto tales principios, sino en función del rango del texto normativo en que se recogen expresamente. También en función de lo apuntado, se suele negar virtualidad a la costumbre dentro de las fuentes del Derecho Tributario. Pero, según se ha expuesto ya, en el ámbito del Derecho Internacional

Tributario sí se puede encontrar cierta incidencia de la costumbre y de los Principios Generales del Derecho como fuentes del mismo, si bien se trata de una incidencia bastante reducida, si la comparamos con la amplitud, proliferación y desarrollo de otros tipos de fuentes del Derecho Internacional. Obviamente, esto no justifica el olvido de tales costumbres y Principios Generales del Derecho.

En relación al Derecho Internacional Tributario, las ramas que han sido más estudiadas son el Derecho Internacional Convencional, es decir, aquella rama compuesta por convenios internacionales, y el Derecho de la Unión Europea. Esto resulta lógico, si se tiene en cuenta que se trata de los dos ámbitos normativos internacionales que mayor incidencia tienen en la práctica limitando o condicionando el Poder tributario de los Estados. Pero junto a esas dos ramas del Derecho Internacional, también incide en materia tributaria el Derecho Internacional General, si bien, de una forma mucho más reducida en la práctica que el Derecho Internacional Convencional y que el Derecho de la Unión Europea. Quizás por ello el estudio de aquella rama por la doctrina ha sido mucho menor que el de estas otras dos. Pero la incidencia del Derecho Internacional General en materia tributaria es la más obvia y esencial, encontrándose en la base de la construcción de la fiscalidad internacional. Esta incidencia se da sobre todo en relación a la eficacia de la ley tributaria en el espacio, si bien también puede tener algún alcance con respecto a la extensión de la ley. Por ello, creemos que no se debe descuidar tanto, al contrario de lo que se ha venido haciendo por la doctrina, el estudio de la incidencia del Derecho Internacional General en materia tributaria, debiendo fomentarse el desarrollo de los análisis relativos a éste dentro del Derecho Internacional Tributario.

Digamos que las normas del Derecho Internacional General en materia tributaria representarían los parámetros jurídicos esenciales que debe respetar la globalización fiscal y deberíamos comenzar a plantearnos hasta qué punto se debería avanzar en la toma en consideración de la idea de justicia tributaria desde la perspectiva de las relaciones fiscales internacionales, tomando como germen la disciplina europea.

XIII

CONCLUSIONES

Frente a lo discutida que ha resultado la utilización del concepto de soberanía en el plano tributario interno, en función de que la misma no puede presentarse como fundamento directo del Poder Financiero, al derivar éste en los Estados democráticos de la Constitución aprobada por el pueblo, sin embargo, en materia de fiscalidad internacional la soberanía sí puede ser invocada ante muchas situaciones como límite a la actuación tributaria de otros Estados.

Al mismo tiempo, tales límites derivados de la soberanía impositiva internacional deben ser tomados en consideración por el Estado a la hora de delimitar sus propias medidas legislativas y ejecutivas en materia fiscal transnacional.

La configuración analizada de la soberanía impositiva internacional constituye a su vez uno de los pilares esenciales sobre los que construir conceptualmente la dogmática de la fiscalidad internacional.

Junto a ello, el estudio de la evolución experimentada por la soberanía en el plano impositivo internacional nos deja ver la evolución sufrida por este sector del fenómeno tributario en las últimas décadas.

La delimitación conceptual de la soberanía impositiva internacional, junto con la delimitación de la territorialidad del tributo, representan dos claves esenciales sobre las que construir una guía interpretativa útil y constructiva en el desarrollo de la fiscalidad internacional.

A su vez, en relación a la cooperación internacional entre Estados en la aplicación de los tributos, el elemento soberanía resulta esencial para definir hasta dónde pueda llegar y con qué obligatoriedad tal cooperación.

En tal sentido, debe revisarse hasta qué punto las jurisdicciones no cooperativas -antiguamente denominadas paraísos fiscales- no estarían violando la soberanía fiscal del Estado al que niegan su cooperación, al facilitar el fraude tributario internacional, amparado por la opacidad que ofrecen a los inversores, denegando cualquier tipo de intercambio de información con trascendencia tributaria con otros Estados, a los que terminan afectando en sus presupuestos soberanos.

Más allá de las diferencias que puedan existir entre la OCDE, la Unión Europea y Naciones Unidas a la hora de plantearse cómo enfocar el fenómeno tributario internacional, en la lucha contra las jurisdicciones no cooperativas a nuestro entender debería ganar mayor protagonismo Naciones Unidas, actuando contra ciertos territorios que se presentan como jurisdicciones no cooperativas en el plano impositivo, no facilitando reconocerles otras prerrogativas que algunos de esos territorios pretenden derivar de su soberanía en su reconocimiento como Estados.

Así pues, ese reconocimiento, a ciertos efectos y desde algunas perspectivas, podría, en determinados supuestos, ser cuestionado o revisado.

XIV

BIBLIOGRAFÍA

AA.VV., *Estudios sobre el convenio entre España y Estados Unidos para evitar la doble imposición*, Editorial Gaceta Fiscal, Madrid, 1991.

ABAD FERNÁNDEZ, M., «El Poder Financiero de las Comunidades Europeas», en *Estudios de Derecho internacional público y privado en homenaje al Profesor Luis Sela Sampil*, Tomo I, Universidad de Oviedo, 1970.

ABRIL ABADÍN, E., «Métodos para evitar la doble imposición internacional», en *XX Semana de Estudios de Derecho Financiero, Relaciones Fiscales Internacionales*, Editorial de Derecho Financiero, Madrid, 1973.

ADONNINO, P., «Il principio di non discriminazione nei rapporti tributari fra Paesi membri secondo le norme della CEE e la Giurisprudenza della Corte di Giustizia delle Comunità», en la *Rivista di Diritto Finanziario e Scienza delle Finanze*, núm. 1, 1993.

ALBIÑANA GARCÍA-QUINTANA, C., *Sistema tributario español y comparado*, segunda edición, Tecnos, Madrid, 1992.

ARCO RUETE, L. DEL, *Doble imposición internacional y Derecho tributario español*, Escuela de Inspección Financiera, Ministerio de Hacienda, Madrid, 1977.

AZCÁRRAGA, J.L. DE, «El concepto de plataforma continental ante el Derecho Tributario», en *XX Semana de Estudios de Derecho Financiero, Relaciones Fiscales Internacionales*, Editorial de Derecho Financiero, Madrid, 1973.

BANTECAS, I., «The mutual agreement procedure and arbitration of double taxation disputes», en *ACDI – Anuario Colombiano de Derecho Internacional*, Vol. 1, 2008.

BAYONA DE PEROGORDO, J.J., «Impuesto Industrial. Licencia Fiscal. La aplicación de las normas tributarias en el espacio», en *Crónica Tributaria*, núm. 1, 1972.

BERLIRI, A., *Corso Istituzionale di Diritto Tributario*, Vol. I, Guffrè, Milano, 1985.

BISCARETTI DI RUFFIA, P., «Territorio dello Stato», en la *Enciclopedia del Diritto*, XLIV, 1992.

BISCOTTINI, G., *Diritto Amministrativo Internazionale*, Tomo II (*La circolazione degli uomini e delle cose*), CEDAM, Padova, 1966.

BLUMENSTEIN, E., *Sistema di Diritto delle imposte* (Traducción al italiano de F. FORTE), Giuffrè, Milano, 1954.

BORRÁS RODRÍGUEZ, A., *La doble imposición: Problemas jurídico-internacionales*, Universidad de Barcelona, Secretariado de Publicaciones, intercambio científico y extensión universitaria, Barcelona, 1971.

— *La doble imposición: Problemas jurídico-internacionales*, Instituto de Estudios Fiscales, Madrid, 1974.

BÜHLER, O., *Principios de Derecho Internacional Tributario* (Versión castellana de F. CERVERA TORREJÓN), Editorial de Derecho Financiero, Madrid, 1968.

CARLI, C.C., «Cooperazione internazionale tributaria», en la *Enciclopedia Giuridica Treccani*.

CAYÓN GALIARDO, A., FALCÓN Y TELLA, R. Y HUCHA CELADOR, F. DE LA, *La armonización fiscal en la Comunidad Económica Europea y el Sistema tributario español: Incidencia y convergencia*, Instituto de Estudios Fiscales, Madrid, 1990.

CAZORLA PRIETO, L.M., *Poder tributario y Estado contemporáneo*, Instituto de Estudios Fiscales, Madrid, 1981.

CHECA GONZÁLEZ, C., «Medidas y métodos para evitar la doble imposición internacional», en *Impuestos*, núm. 12, 1988.

COCIVERA, B., *Principi di Diritto Tributario*, Vol. I, Giuffrè, Milano, 1959.

CONSTANTINESCO, L.J., «La problemática tributaria de la Comunidad Económica Europea», en *Hacienda Pública Española*, núm. 57, 1979.

CROXATTO, G.C., «Le norme di Diritto internazionale tributario», en *Studi in onore di Enrico Allorio*, II, Giuffrè, Milano, 1989.

— «Diritto internazionale tributario», en *Digesto delle Discipline Privatistiche*, IV, UTET, Torino, 1989.

DÍEZ DE VELASCO VALLEJO, M., *Instituciones de Derecho Internacional Público*, Tomo I, octava edición, Tecnos, Madrid, 1988.

FALCÓN Y TELLA, R., *Introducción al Derecho Financiero y Tributario de las Comunidades Europeas*, Servicio de Publicaciones de la Facultad de Derecho de la Universidad Complutense - Civitas, Madrid, 1988.

FANTOZZI, A., *Diritto Tributario*, UTET, Torino, 1991.

FANTOZZI, A. Y VOGEL, K., «Doppia imposizione internazionale», Estratto del *Digesto*, IV edizione, UTET, Torino, 1990.

FEDOZZI, P., *Corso di Diritto Internazionale*, Volume primo, *Introduzione, Parte Generale*, I, CEDAM, Padova, 1931.

FERREIRO LAPATZA, J.J., *Curso de Derecho Financiero Español*, 10ª edición, Marcial Pons, Madrid, 1988.

FISZER, J., «International double taxation relief», en *European Taxation*, núm. 3, 1995.

GARBARINO, C., *La tassazione del reddito transnazionale*, CEDAM, Padova, 1990.

GARCÍA DE ENTERRÍA, E., «Las competencias y el funcionamiento del Tribunal de Justicia de las Comunidades Europeas. Estudio analítico de los recursos», en *Tratado de Derecho Comunitario Europeo*, Tomo I, Civitas, Madrid, 1986.

GARCÍA GUERRERO, D., «Los desafíos de la Unión Europea en materia aduanera en orden a un mayor control del fraude a nivel global», en *Los nuevos retos de la fiscalidad de la Unión Europea*, UJA Editorial, Jaén, 2023.

— «Problemática de la clasificación arancelaria de las mercancías en la Unión Europea», en *Cuadernos de Derecho Transnacional*, Vol. 15, núm. 2, 2023.

— «El delito de defraudación a la Hacienda de la Unión Europea a la luz del principio de proporcionalidad», en Civitas, *Revista española de Derecho Financiero*, núm. 220, 2023.

— «Disparidad de interpretaciones al clasificar una mercancía en una partida de la Nomenclatura Combinada y su trascendencia tributaria: Sentencia del Tribunal de Justicia de 16 de noviembre de 2023, Asunto C-366/22, Viterra Hungary Kft», *La Ley Unión Europea*, núm. 122, 2024.

GARELLI, A., *Il Diritto Internazionale Tributario. Parte generale. La Scienza della Finanza Internazionale Tributaria*, Roux Frassati e Cº, Torino, 1899.

GIULIANI FONROUGE, C.M., *Derecho Financiero*, Volumen I, 2ª edición, Ediciones Depalma, Buenos Aires, 1970.

GONZÁLEZ POVEDA, V., *Tributación de no residentes*, La Ley, Madrid, 1989.

GRIZIOTTI, B., «Studi di Diritto Tributario», en *Studi nelle Scienze Giuridiche e Sociali*, Vol. XII, R. Università di Pavia, 1928.

HERNÁNDEZ GONZÁLEZ, F.: «El ámbito espacial de aplicación de los impuestos españoles sobre el consumo», en la *Revista española de Derecho Financiero*, núm. 64, 1989.

KAHLENBERG, C., «Prevention of double non-taxation: an analysis of cross-border financing from a German perspective», en *Intertax*, Vol. 43, núm. 3, 2015.

KRUSE, H.W., *Derecho Tributario. Parte General* (Traducción de P. YEBRA MARTUL-ORTEGA y M. IZQUIERDO MACÍAS-PICAVEA), Editorial de Derecho Financiero, Editoriales de Derecho Reunidas, Madrid, 1978.

LANG, M., *Introducción al Derecho de los convenios para evitar la doble imposición*, traducción al español de D. QUIÑONES, IBFD/Temis, Bogotá, 2014.

— «Double Taxation Conventions in the Case Law of the CJEU», en *Intertax*, Vol. 46, núm. 3, 2018.

LÓPEZ IBÁÑEZ, L., «Localización geográfica y criterios de sujeción al Impuesto. Doble imposición internacional», en *Hacienda Pública Española*, núm. 24-25, 1973.

MACHADO, A., *Juan de Mairena, sentencias, donaires, apuntes y recuerdos de un profesor apócrifo (1936)*, Edición de J.M. VALVERDE, segunda edición, Clásicos Castalia, Madrid, 1971.

MARESCA, M., *Conformità dei valori e rilevanza del Diritto pubblico straniero*, Giuffrè, Milano, 1990.

MARTÍN QUERALT, J. Y MARTÍNEZ LAFUENTE, A., «La política fiscal europea», en *Tratado de Derecho Comunitario Europeo*, Tomo III, Civitas, Madrid, 1986.

MAYR, S., «La doppia residenza fiscale nelle convenzioni contro le doppie imposizioni», en *Corriere Tributario*, núm. 13, 1990.

MICHELI, G.A., «Problemi attuali di Diritto tributario nei rapporti internazionali», en *Diritto e Pratica Tributaria*, Parte I, 1965.

— «Premesse per una teoria della potestà di imposizione», en la *Rivista di Diritto Finanziario e Scienza delle Finanze*, Parte I, 1967.

MIRAULO, A., *Doppia Imposizione Internazionale*, Giuffrè, Milano, 1990.

MONACO, R., «Limiti della sovranità dello Stato e Organizzazioni internazionali», en *Studi di Diritto Costituzionale in memoria di Luigi Rossi*, Giuffrè, Milano, 1952.

NÚÑEZ PÉREZ, G.G., *Poder Tributario y no sujeción tributaria*, Universidad de la Laguna, Secretariado de Publicaciones, La Laguna, Tenerife, 1986.

PAONE, P., «Osservazioni sulla possibilità di uno Stato di esigere crediti tributari all'estero», en *Rassegna Mensile dell'Avvocatura dello Stato*, núm. 4, 1953.

POCAR, F., *L'esercizio non autorizzato del potere statale in territorio straniero*, CEDAM, Padova, 1974.

RODRÍGUEZ BEREIJO, A., *Introducción al estudio del Derecho Financiero*, Instituto de Estudios Fiscales, Madrid, 1976.

SACCHETTO, C., *Tutela all'estero dei crediti tributari dello Stato*, CEDAM, Padova, 1978.

— «Territorialità (diritto tributario)», en la *Enciclopedia del Diritto*, Vol. XLIV, 1992.

SAINZ DE BUJANDA, F., «La interpretación de los Tratados internacionales para evitar la doble imposición», en *Memoria de la Asociación Española de Derecho Financiero*, 1960.

— *Hacienda y Derecho*, I, Instituto de Estudios Políticos, Madrid, 1966.

— *Prólogo* al libro de D. MARTÍNEZ MARTÍNEZ *El Sistema financiero de las Comunidades Europeas*, Instituto de Estudios Fiscales, Madrid, 1974.

— *Sistema de Derecho Financiero*, I, Introducción, Volumen primero, *Actividad financiera, Ciencia financiera y Derecho financiero*, Facultad de Derecho de la Universidad Complutense, Madrid, 1977.

— *Un esquema de Derecho Internacional Financiero* (Discurso de investidura como Doctor *honoris causa* por la Universidad de Granada), Servicio de Publicaciones de la Universidad de Granada, 1983.

— *Lecciones de Derecho Financiero*, octava edición, Universidad Complutense, Facultad de Derecho, Sección de Publicaciones, Madrid, 1990.

SAMPAY, A.E., *El Derecho Fiscal Internacional*, Ediciones Biblioteca Laboremus, La Plata-Buenos Aires, 1951.

SÁNCHEZ JIMÉNEZ, M.A., *La doble imposición internacional en materia de sucesiones y donaciones*, Comares, Granada, 1991.

SCOCA, F.G., «Stato ed altri enti impositori di fronte al dovere di prestazione tributaria», en *Diritto e Pratica Tributaria*, Parte Prima, 1968.

SOPENA GIL, J., «La aplicación de las leyes fiscales españolas en la plataforma marítima continental o zona económica exclusiva», en la *Revista española de Derecho Financiero*, núm. 41, 1984.

STEVE, S., «Sulla tutela internazionale della pretesa tributaria», en la *Rivista*

di Diritto Finanziario e Scienza delle Finanze, Parte I, 1940.

TAMBURINI, M., «Extraterritorialità», en la *Enciclopedia Giuridica Treccani*.

TESAURO, G., *Il finanziamento delle organizzazioni internazionali*, Jovene, Napoli, 1969.

TOVILLAS MORÁN, J.M., *Estudio del Modelo de Convenio sobre renta y patrimonio de la OCDE de 1992*, Marcial Pons, Madrid, 1996.

TRUYOL Y SERRA, A., *La Integración Europea. Idea y realidad*, Tecnos, Madrid, 1972.

UDINA, M., *Il diritto internazionale tributario*, CEDAM, Padova, 1949.

— «Sulla creazione d›una Corte internazionale per le controversie in materia tributaria», en la *Rivista di Diritto Finanziario e Scienza delle Finanze*, Parte I, 1949.

— «Il Trattamento Tributario dei Funzionari Internazionali», en *Gegenwartsprobleme des internationalen Rechtes und der Rechtsphilosophie (Festschrift für Rudolf Laun zu seinem siebzigsten Geburtstag)*, Girardet & Co., Hamburg, 1953.

VANONI, E., «Elementi di Diritto tributario», en *Opere Giuridiche* (a cargo de F. FORTE Y C. LONGOBARDI), Vol. II, Giuffrè, Milano, 1962.

VITALE, M., «Doppia imposizione (dir. intern.)», en la *Enciclopedia del Diritto*, XIII, 1964.

XAVIER, A., *Direito Tributário Internacional do Brasil*, Editora Resenha Tributária, Sao Paulo, 1977.

YEBRA MARTUL-ORTEGA, P., *Poder Financiero*, Editorial de Derecho Financiero, Editoriales de Derecho Reunidas, Madrid, 1977.

ZORNOZA PÉREZ, J. Y BÁEZ MORENO, A., «The 2003 revisions to the commentary to the OECD Model on tax treaties and GAARs: a mistaken starting point», en *Cuadernos de Derecho Transnacional*, Vol. 2, 1, 2010.